Impressum / Dank

Danke an alle Mithelfer, insbesondere Sven, der nie geglaubt hat, ich könnte ein Kochbuch schreiben, Roland und Tatjana, dessen Experimentierfreude und Kochkunst viel Inspiration gegeben haben, den Mitgliedern der Schwertfechtgruppe Nordhessen, die das passende Ambiente geschaffen haben, Jürgen und Tatjana von baculus, die ihr Geschirr zur Verfügung gestellt haben, der Stiftung Burg Herzberg für die Möglichkeit, alljährlich unser Lager aufzustellen, Jens und Tino, die kurzfristig noch so viele Fotos gemacht haben und Claudia, die mich gedrängt hat, endlich mal mit dem Buch fertig zu werden.

Das Werk, einschließlich seiner Teile, ist urheberrechtlich geschützt. Jede Verwertung außerhalb der engen Grenzen des Urheberrechtsgesetzes ist ohne Zustimmung des Verlages unzulässig und strafbar. Das gilt insbesondere für Vervielfältigungen, Übersetzungen, Mikroverfilmungen und die Einspeicherung und Verarbeitung in elektronischen Systemen.

1. Auflage.
© 2008 Verlag FEL!X AG, Wintrich, www.felix-ag.de
als Lizenzausgabe des Verlages J.Neumann-Neudamm AG
Tel. 05661-9262-0, Fax 05661-9262-20
www.neumann-neudamm.de, info@neumann-neudamm.de

Printed in the European Community
Satz/Layout: J. Neumann-Neudamm AG
Titel: Aus dem Archiv des Verfassers
Bildnachweis: Alle Bilder aus dem Archiv des Verfassers, außer:
Paavo Blåfield S. 16,17,23,39,43,44,48,50,53,57,74,75,79,85,99,100,120
Jens Christoph S.6,11,15,18,21,24-9,32,35,36,38,40,42,46,49,55,62, 68,73,77,83,84,87,88,93,94,98,102,105,110,113,117,118
Food-Styling: Tino Kalning
Herstellung: Himmer AG, Augsburg

ISBN 978-3-86738-029-4

Ein Wort vorab

Das Mittelalter gilt noch bei vielen als eine Zeit, der jegliche Kultur abhanden gekommen war und verglichen mit den großen Kulturen der Römer oder Griechen muss man schon eingestehen, dass vieles an Wissen verloren gegangen ist. Aber wir müssen gleichzeitig anerkennen, dass neue Ideen geboren wurden, unter anderem die des Rittertums - das verklärte Bild des Helden auf schwarzem Schlachtross mit blinkendem Schwert an seiner Seite, jederzeit bereit für Gott, König und Edelfrau sein Leben zu opfern, gab es schon damals und es hat sich heute kaum etwas daran geändert - wie sonst wäre der Berufswunsch „Ritter" zu erklären, den jeder Bub der letzten 900 Jahre irgendwann einmal ausgesprochen hat.

Von seiner Faszination hat diese Zeit nichts eingebüßt, auch wenn wir heute noch kaum etwas über sie wissen. Um diese Faszination zu verstärken, sie auch zu Hause, auf dem Mittelaltermarkt oder im Lagerleben zu erfassen, habe ich hier einige der vielen überlieferten Rezepte neu zusammengesetzt, auf den Geschmack und die Ernährungsweise unserer Generation umgesetzt, ohne jedoch den Kern zu zerstören.

Natürlich ist dies nicht wirklich ein „Ritterkochbuch", denn Ritter werden, außer vielleicht einmal im Feldlager, niemals selbst gekocht haben, aber die Rezepte, das Essen ihrer Zeit spiegelt sich so wunderbar im Namen ihres Standes wieder, dass es mir opportun schien, diesen für dieses Kochbuch zu missbrauchen.

Versetzen wir uns nun in eine Zeit, die kulinarisch noch kaum entdeckt ist. Tomaten, Schokolade und Kartoffeln sind unbekannt, Gewürze nicht selten sehr teuer, Salz zwar überall verfügbar, jedoch ein kostbares Handelsgut. Nun fragen wir uns mit Blick auf unseren heutigen Speiseplan, was die Menschen von damals wohl täglich gegessen haben.

Die Antwort ist einfach: Das was es gab. Authentisch mittelalterlich kochen, hängt also von der Jahreszeit genauso ab, wie davon, in welcher Region man sich gerade befindet - welchem Stand man angehört oder ob nun gerade Fastentag ist oder nicht.

Auch geschmacklich müssen wir Zugeständnisse machen. Wein aus Anbaugebieten wie Hamburg oder Lübeck würden wir heute wohl kaum noch trinken und viele Gerichte würden noch jedem Asiaten die Tränen in die Augen treiben, so waren sie gepfeffert, nur um den Reichtum des Gastgebers zu demonstrieren.

An wieder andere Dinge kommen wir heute einfach nicht mehr dran. Eichhörnchen darf man genauso wenig bejagen wie Amseln, Spatzen oder Greifvögel.

Und dennoch - die Auswahl des richtigen Ambientes, des passenden Rezeptes, der Musik und des Freundeskreises, mit dem wir uns zu dieser kulinarischen Zeitreise in die Ritterzeit begeben, ist jedes Mal ein Erlebnis, welches immer mehr moderne Menschen in ihren Bann zieht.

An diesem Erlebnis möchte ich Sie nun teilnehmen lassen, wenn wir nun rund 800 Jahre zurückreisen und mit möglichst einfachen Rezepten und dem richtigem Ambiente den Geschmack des Mittelalters kosten.
Viel Spaß dabei wünschen Ihnen Autor, Verlag und alle Mitwirkenden.

Allgemeines

Fressen und Saufen, wahrhafte Orgien gehören zu den Legenden, die sich um das mittelalterliche Essen ranken und an Festtagen, bei Hofe oder bei hohem Besuch ist es wohl vielerorts auch üblich gewesen, stunden-, ja sogar tagelang durchzuzechen.

Doch der Alltag war das für die meisten Menschen nicht. Zum Frühstück, bei oder sogar vor Sonnenaufgang, gab es einen Becher Wein oder dünnes Bier, am Vormittag folgte dann eine ausgiebige Mahlzeit und Mittags gab es einen kleinen Imbiss. Kurz vor Sonnenuntergang folgte dann wieder ein ausführliches Mahl - das Abendessen.

Dieses Buch lädt ein, alle Arten von Gerichten und Getränken kennen zu lernen. Es soll aber hauptsächlich dazu anregen, selbst auszuprobieren. Grundfertigkeiten, wie das Brauen von Bier, die Herstellung von Käse, das Backen von Brot oder das Räuchern von Fisch werden aufgezeigt.

Zutaten sollten variiert, erprobt und dem persönlichen Geschmack angepasst werden. Der Phantasie sind keine Grenzen gesetzt, alles ist möglich.

Heute exotische Zutaten können wir meist im Reformhaus beziehen oder aber im Internet bestellen, unabhängig von der Jahreszeit. Lediglich auf die Verwendung von Tomaten, Paprika, Kartoffeln, Schokolade oder Mais sollte verzichtet werden - solche Zutaten gab es im Mittelalter nicht!

Ich habe bewusst Rezepte ausgewählt, die einfach nachzukochen sind und möglichst auch schnell zubereitet werden können. Wer aufwendige Menüs kochen will, findet in den vielen guten Kochbüchern, die sich mit mittelalterlichem Essen beschäftigen sicher Anregungen.

Alle Gerichte können in einer modernen Küche ebenso gekocht werden, wie auf dem offenen Feuer - vorausgesetzt, Kessel, Grillpfanne und Feuertopf (Dutch-Oven), sind vorhanden.

Allen besonders historisch Interessierten sei gesagt, dass wir versucht haben, die Rezepte so authentisch wie möglich zu halten, ich hoffe, mir ist keine „moderne" Zutat zuviel durchgegangen. Einige Gewürze und Zutaten haben wir durch die modernere Variante ersetzt, im Ergebnis ist es jedoch das Gleiche. Die Fotos, insbesondere die Ambientefotos, sollen hingegen den Spaß am Mittelalter verdeutlichen. Viele der abgebildeten Personen versuchen eine möglichst realitätsnahe Darstellung, aber es kann vorkommen, von Früh- bis Spätmittelalter alles auf einem Foto zu entdecken - das bitte ich zu entschuldigen, allen Beteiligten geht es in erster Linie um dem Spaß an der Sache.

Ich würde mich sehr freuen, wenn Sie dieses Kochbuch als Grundlage nutzen, das Mittelalter kulinarisch zu entdecken. Über Rückmeldungen über Ihre Erfahrungen, Kritik und Anregungen freue ich mich sehr. Einfach e-mail an: heiko.schwartz@ratz-fatz.net

Inhalt

Vom Saufen und nicht durstig sein 7
Bier brauen 9
Apfelwein 12
Grundrezept Würzwein 14
Trank der alten Götter – Met 16
Unser tägliches Brot 19
Sauerteig 20
Weißes Fladenbrot 21
Bauernbrot mit Kräutern und Nüssen 22
Bierbrotsuppe 24
Arme Ritter 26
Grundrezept Brei 27
Süßer Brei 28
Pikanter Bauernbrei 29
Krumme Krapfen 30
Eierkuchen mit Kräutern und Speck 33
Suppen 34
Frühlingssuppe 35
Gerstensuppe 36
Linseneintopf 39
Lauchsuppe 41
Fischsuppe 42
Heidnische Eier im Schnee 44
Wilder Salat 47
Das kam auf des Ritters Tafel 49
Rehrücken vom Spieß 50
Wild 52
Wildkaninchen am Galgen 53
Malvasier 54

Wildschwein in Honigkruste 60
Roter Hirsch mit gelber Quitte 63
Würzfasan mit Nüssen 64
Gans im Hirsebett 67
Hammel mit Lauch in Minzsoße 69
Lamm in Knoblauch und Rosmarin 72
Kalb in Senfsoße 74
Gehacktestkuchen 76
Wenn der Pfaffe zu Besuch.... Fastentage 79
Mandelmilch 80
Fastenhahn in Mandelmilch 82
Kräuterhecht im Weinsee 84
Forelle im Säckchen 85
Lachs in Kräutersoße 86
Aal in Salbei-Nuss Soße 88
Heringspastete 89
Die Verführung der Engel 90
Marzipan 92
Honigwaffeln 94
Schmalzküchlein 98
Bratapfel 101
Nonnenpfürzchen 103
Bischoffs-beeren 104
Grundfertigkeiten 108
Räuchern 111
Pökeln 112
Käse 114
Senf 118
Butter 121

Vom Saufen und nicht durstig sein

Das Mittelalter ist ohne ein ordentliches Besäufnis nicht vorstellbar. – So weit das Klischee. Und wie an den meisten Vorurteilen ist natürlich etwas dran. Wenn wir an Klöster denken, denken wir zwangsläufig auch an Bier. Kaum ein Kloster, wo es nicht gebraut wurde und noch heute kennen wir diverse Biermarken, die ihren Namen einem Orden verdanken.

Wir wissen, dass im Mittelalter bereits Kinder Bier tranken, in Hamburg oder Lübeck wurde Wein angebaut – sicher ein ungenießbares Tröpfchen, ja es ist sogar belegt, dass es die Tullen der Zinnkannen dank der hohen Säure wegätzte, aber man muss so etwas ja nicht pur trinken.

Met gehört zu den typischen Getränken, die uns auf allen Mittelaltermärkten begegnen und an denen wir auf keinen Fall vorbei kommen, wenn wir uns mit dem Mittelalter beschäftigen.

Vergorene Limonaden aus Äpfeln, Ingwer, aber auch aus allerlei Getreide oder schlicht aus Hefe waren weitverbreitet.

Ein ritterliches Festgelage ohne zahlreiche Krüge mit alkoholischen Getränken ist für uns kaum vorstellbar und in der Tat muss es wohl hoch hergegangen sein in den Wirtshäusern, Ratssälen und Burghallen. Wenn gefeiert wurde, dann richtig und wenn getrunken wurde, dann richtig.

Das Alles darf aber nicht darüber hinwegtäuschen, dass Bier und Wein wohl meist einen wesentlich geringeren Alkoholgehalt aufwiesen als heute. Selbstverständlich gab es auch Weine mit 13 Vol% und auch das gute Bier vieler Klosterbrauereien wird wohl die Stärke unseres Bockbieres gehabt haben, aber nicht selten wurden Wein und Bier verdünnt getrunken und die unteren Stände konnten sich ohnehin keine Getränke höherer Qualität leisten und tranken das was da war - und das hatte in aller Regel nicht die Qualität und den Gehalt an Alkohol, wie wir es heute gewohnt sind.

Hinzu kommt, dass harte körperliche Arbeit, und die leisteten nach heutigen Gesichtspunkten auch schon Kinder, eben dazu führt, dass man Alkohol besser abbaut. Da macht es dann nichts, wenn man den Tag mit einem großen Becher dünnem Bier beginnt und bis zum Abendrot noch einige Krüge hinzukommen.

Aber für alle Autofahrer: Keine Sorge – es ist genauso authentisch Fruchtsäfte, Wasser oder Schorlen, Kräuter- oder Früchtetees sowie Milch von Kuh, Ziege, Schaf oder Pferd zu trinken. Die Mehrzahl der Menschen im Mittelalter dürfte ihren Durst ohnehin mit Wasser gelöscht haben – es war am billigsten, auch wenn es sich eben nicht allzu lange hält, wenn es Bach oder Quelle einmal entnommen ist.

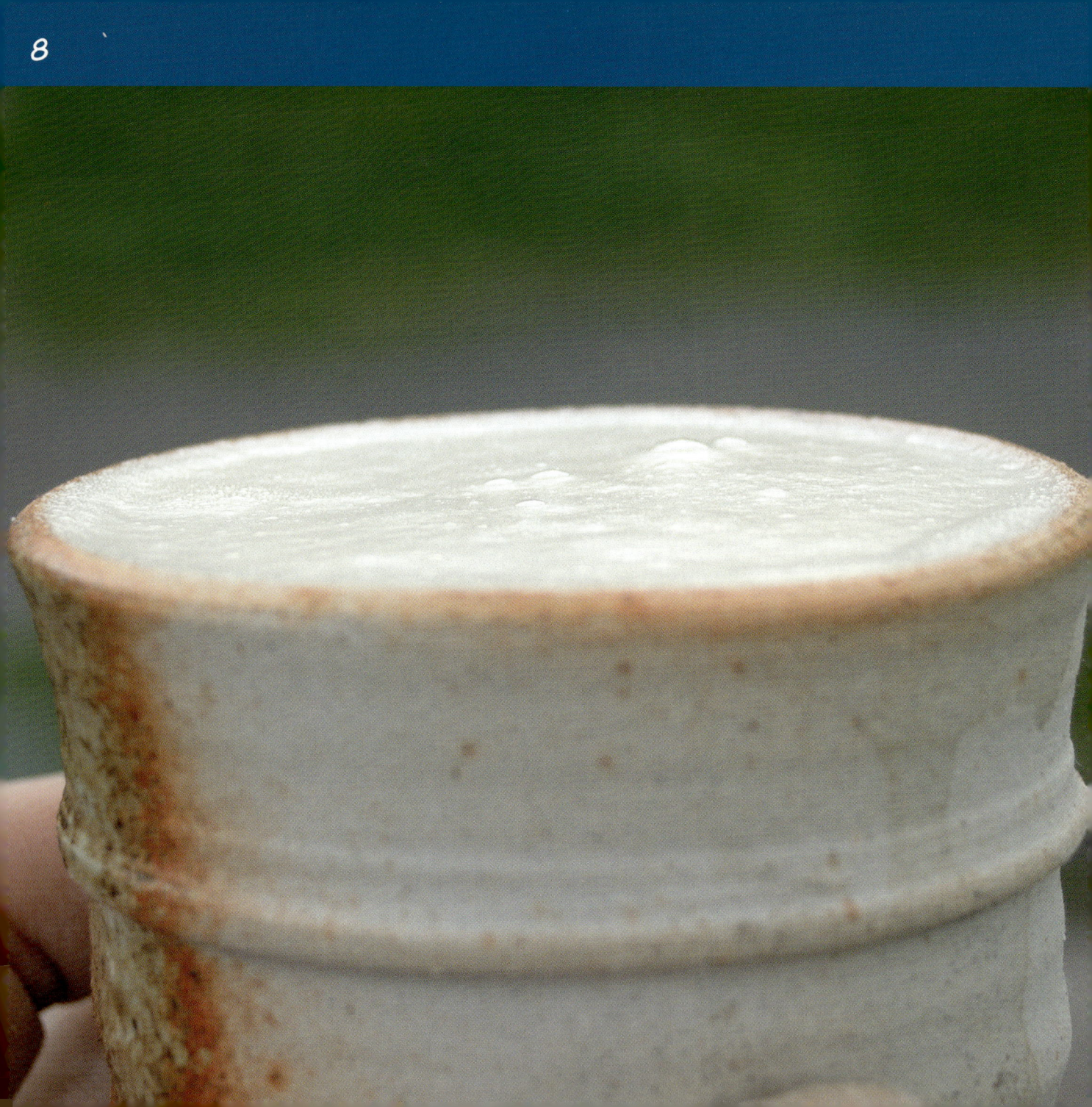

Bier brauen

Ausrüstung:

großer Topf (ca. 20 Liter)

saubere Leinentücher

Bierfass oder Eimer (ebenfalls rund 15-20 Liter Fassungsvermögen)

fest verschließbare Krüge oder Bierflaschen mit Verschluss

Jodlösung (aus der Apotheke zur Wunddesinfektion)

Zutaten für rd. 10 Liter:

1 kg helles Malz

2 kg dunkles Malz (beides aus dem Brauereifachhandel oder selbst mälzen)

30 g Hopfen

2 x 8 Liter Wasser

Ein Päckchen Trockenhefe

Mit dem Thema könnte man ein ganzes Buch füllen. Bier konnte, anders als heute, nicht nur aus Hopfen und Gerste, sondern aus Weizen, Hafer, Hirse oder weiterem Getreide bestehen. Bier konnte man warm, temperiert und kalt, mit Rosinen und Zimt, mit Honig oder einfach mit Wasser verlängert finden. Der Phantasie sind da keine Grenzen gesetzt.

Malz schroten (mit Getreidemühle).

Acht Liter Wasser mit Malzschrot in den Topf geben und auf rund 40° Celsius unter ständigem Rühren erwärmen und rund 15 Minuten bei dieser Temperatur ruhen lassen.

Unter ständigem Rühren auf rund 65° Celsius erhitzen und rund 40 Minuten ruhen lassen.

Die Maische wiederum unter Rühren auf 72° Celsius erhöhen und wieder 40 Minuten ruhen lassen.

Nun Jodprobe prüfen, ob sich bereits Malzzucker gebildet hat. Dazu eine kleine Probe der Maische auf einen Teller geben und einige Tropfen Jodlösung dazugeben. Wenn sich die Probe leicht gelb färbt, ist das Maischen erfolgreich gewesen. Bleibt die Probe dunkellila, muss leider von vorn begonnen werden.

Maische jetzt kurz auf 80° Celsius erhöhen und dann abläutern.

Durch ein grobes Leinentuch wird der Sud in ein Fass (oder Eimer) gefiltert. Mit weiteren acht Litern, rund 80° Celsius warmen Wasser den im Tuch verbleibenden Treiberkuchen durchspülen.

Nun den Topf gründlichst reinigen, Verunreinigungen können dazu führen, dass das Bier sauer wird. Dann die im Fass enthaltene Würze darin aufkochen und etwa die Hälfte des Hopfens hinzugeben.

Das Ganze etwa eine Stunde ohne Deckel kochen lassen, damit etwa 1/3 der Flüssigkeit verkochen kann. Ab und zu umrühren.

Den restlichen Hopfen hinzugeben und weitere fünf Minuten kochen lassen.

Nun durch ein sehr sauberes Leinentuch die Würze wieder in das ebenfalls gereinigte Fass füllen.

Fass im Keller kühl stellen (13° bis max. 21° Celsius) und Würze auf unter 20° Celsius herunterkühlen.

Die Hefe mit etwas lauwarmen Wasser vermengen und die Aktivierung der Hefebakterien durch die Zugabe von etwas Zucker prüfen (es müssen sich Bläschen bilden).

Nun diese flüssige Hefe hinzukippen, gut umrühren und Fass mit einem Deckel verschließen.

Die Gärung setzt innerhalb der nächsten 24 Stunden ein. (Wenn nicht: von vorne anfangen.) Es sollte sich ein bräunlicher Schaum gebildet haben. Das Fass nun drei Tage stehen lassen, dabei täglich den Schaum abschöpfen.

Das nun entstandene Bier wurde im Mittelalter bereits als billiges Bier verkauft - meist war es noch trüb, wer jedoch die Geduld aufbringt, sollte dieses Jungbier in ein kleineres Fass, Flaschen oder luftdicht zu verschließende Krüge füllen und zehn Tage lang stehend lagern, wobei in den ersten Tagen täglich einmal der Druck der Kohlensäure durch Öffnen entweichen sollte.

Danach sollte das Bier fertig sein.

Tipp: Der im Würze-Fass entstandene Satz an Hefe kann beim nächsten Vorgang anstelle der Trockenhefe verwendet werden.

Selber mälzen (Dunkles Malz):

Korn, in der Regel Gerste, in der Milchreife ernten und mit Wasser vermengen.

3-4 Tage im Wasser bei rund 18° - 20° Celsius zum Keimen bringen.

Dann eine Woche bei 20° - 25° Celsius keimen lassen. Das Ganze ständig umschütten, damit das Korn nicht schimmelt.

Anschließend bei rund 110° Celsius rösten.

Das Schroten dieses gerösteten Malzes am besten erst unmittelbar vor dem Brauvorgang beginnen.

Apfelwein

Zutaten:

frischer Apfelsaft (am besten mit einer Kelter frisch gepresst)

Gärballon mit Gärverschluss

Im Prinzip können Sie mit diesem Rezept alle Fruchtweine herstellen. Probieren Sie es einfach mal aus. Wichtig ist jedoch: Äpfel gären relativ schnell und einfach, bei anderen Früchten ist häufig der Zusatz von Hefe nötig!

Den frischen Saft in einen Gärballon füllen (etwas Luft darin lassen für den Gärschaum). Genug Saft zum vollständigen Befüllen aufbewahren!

Den Ballon mit dem Gärverschluss verschließen und bei etwa 15° Celsius am besten im Keller 2-3 Tage gären lassen. Es bildet sich ein braun-weißer Schaum auf dem Saft. Wenn dies nach 3-4 Tagen nicht der Fall ist, ist der Gärprozess gescheitert, evtl. Weinhefe zusetzen und Temperatur ganz leicht erhöhen.

Den Wein 2-3 Wochen gären lassen, bis sich kaum mehr neuer Schaum bildet. Den Ballon nun komplett füllen. In dieser Zeit kann man den jungen Apfelwein bereits als „Brauser oder Rauscher" genießen!

Wer Geduld hat, wartet etwa acht Wochen, dann ist der Gärprozess fast abgeschlossen. Nun muss der Wein umgefüllt werden, ohne die Hefe, die sich auf dem Boden abgesetzt hat.

Sollte nach 3-4 Monaten noch Wein übrig sein, den Wein nochmals von der Hefe abziehen, dann hält er sich wesentlich länger.

Grundrezept Würzwein

Zutaten:

2 Krüge (Liter) billigster We[in]

1 Hand voll Honig

1 Hand voll Nelken

1 Hand voll Pfeffer

1 Hand voll Zimt

Wein und Honig erhitzen.

Pfefferkörner und Nelken im Mörser zerstoßen.

Zimt, Nelken und Pfeffer zum Wein geben und rund 30 Minuten im Kessel ziehen lassen.

Danach das Ganze durch ein feines Sieb geben. Der Sud aus dem Sieb kann mit etwas Honig erneut genutzt werden und eignet sich auch zum Würzen von Speisen hervorragend.

Tipp: In Würzwein kann man jede beliebige Zutat geben. Das Grundrezept ist durch den Pfeffer relativ scharf, am besten am Anfang mit etwas weniger probieren. Wer es fruchtiger mag, kann Orangenscheiben dazugeben. Eine Prise Muskat, Kardamom, Majoran und Ingwer sind weitere sehr gut passende Zutaten.

Würzwein kann kalt oder warm genossen werden.

Trank der alten Götter – Met

Zutaten:

4 kg Honig

4 Liter Wasser

350 g Weinhefe (aus Drogerie oder Apotheke)

Gärballon (mind. 10 Liter)

Gärrohr

Honig und Wasser erwärmen (nicht kochen, dabei würden wichtige Inhaltsstoffe des Honigs zerstört). Jetzt eventuell weitere Gewürze oder Kräuter hinzugeben.

Entstehenden Schaum abschöpfen.

Einige Esslöffel des Honigwassers in ein kleines Schüsselchen geben und Hefe darin auflösen.

Aufgelöste Hefe mit dem Honigwasser verrühren und langsam abkühlen lassen.

Flüssigkeit in den Gärballon geben und mit Gärrohr verschließen. Nun an einem warmen Ort ruhig stehen lassen.

Der Gärvorgang beginnt etwa nach 48 Stunden (erste Blasen im Gärrohr) und ist nach spätestens 14 Tagen abgeschlossen.

Fertigen Met in saubere Flaschen/Krüge füllen. Kühl gelagert hält er sich Jahre.

Honigwasser in Tonkrügen zum Gären zu bringen, ist nicht ganz einfach. Wir gehen an dieser Stelle den einfachen Weg und nutzen Weinhefe, um den Gärprozess zustande zu bringen. Anstatt dessen könnte man auch geriebenen Apfel oder Met vom letzten Ansatz hinzugeben. Auch ist es wesentlich einfacher und kontrollierter, wenn wir Gärballons benutzen.

Tipp: Wer mag, kann bereits vor der Gärung Gewürze wie Ingwer, Nelken oder Anis, Salbei oder Zimt hinzugeben. Allerdings geht das auch hinterher:

Würzmet: 2 Liter Met leicht erwärmen, nicht kochen, 100 g schwarzen Pfeffer geschrotet, 50 g Zimt, 1 Prise Muskatnuss, etwas geriebenen Ingwer, gemahlenes Anis, 50 g zerstoßene Nelken hinzugeben, 30 Minuten unter leichter Wärme ziehen lassen. Durch ein Leinentuch filtern und warm oder kalt geniessen.

Tipp: Wer genug Geduld und Selbstbeherrschung besitzt, sollte sich von jedem Ansatz eine Flasche zurücklegen und erst nach einigen Jahren öffnen. Wenn richtig (liegend) gelagert und in sauberen Flaschen abgefüllt, wird aus dem Met ein grandioses Getränk, das sich vor keinem Port oder Sherry zu verstecken braucht.

Unser tägliches Brot

Unser tägliches Brot gib uns heute – nicht umsonst ist dieser Wunsch im Gebet enthalten. Missernten, durch Kriege oder viel häufiger durch Fehden oder Jagden des Adels oder einfach durch das Wetter zerstörte Ernten führten dazu, dass sich die einfache Bevölkerung nicht sicher sein konnte, immer ausreichend zu essen zu haben.

Man muss sich vor Augen halten, dass sich der Ertrag von Getreide nicht in heutigem Umfang bewegte, sondern wesentlich geringer war. Brot war Grundnahrungsmittel, da man Kartoffeln noch nicht kannte, gleichzeitig konnte nach schlechter Ernte Getreide sehr kostbar sein.

Neben Brot sind Breie und Grützen aus allen Getreidearten Hauptnahrungsmittel. Hirsebrei, Haferbrei - in jeder Konsistenz, von der dünnen Suppe bis zum fast brotähnlichen, zähen Gemisch - je nach Geschmack und Zustand der Zähne mit Speck oder Fleisch, aber auch mit Früchten, Kräutern, gesalzen oder mit Honig gesüßt.

Weitere häufig gegessene Speisen dürfte das Pfannenbrot oder eine Art Pfannkuchen gewesen sein – und dann natürlich die Eintöpfe, ein Kessel über dem Herdfeuer, der eigentlich alle Essens- und vor allem Kochreste aufnahm und ständig vor sich hinkochen konnte, ließ die phantastischsten Eintöpfe hervorkommen, die bei Bedarf mit Wasser verlängert werden konnten.

In Notzeiten, insbesondere im Winter wich man dann notgedrungen auf alles Essbare aus, was sich noch finden ließ. Wurzeln konnten abgekocht werden, Knollen, Rüben und Tannenzapfen, Nüsse, Kastanien, Eicheln oder Bucheckern - aus nahezu allem konnte man Breie oder Brot machen.

Die einfachste mittelalterliche Mahlzeit die wir bereiten können, ist ein selbstgebackenes Brot und ein Stück Käse dazu. Oder etwas Schmalz oder (gesalzene) Butter.

Was Ihr Brot angeht, so dürfen Sie ruhig kreativ sein! Probieren Sie Gewürze einfach mal aus: Kräuter, Koriander, Anis, Kümmel, Fenchel, Salbei, Pfeffer, geröstete Zwiebeln oder Kardamom - es gibt keine Grenzen.

Experimentieren Sie aber auch einmal mit den Mehlsorten. Dinkel, Roggen, Hafer, Buchweizen (übrigens erst ab dem Spätmittelalter verbreitet) oder was auch immer Sie auftreiben können an heute exotischen Mehlsorten.

Sauerteig

Zutaten:

6 Hand voll Roggenmehl

Wasser

Sauerteigansatz (erhalten Sie im Drogeriemarkt, oder vom letzten Sauerteig nehmen)

Aus Sauerteig lässt sich neben Brot und Brötchen auch eine Menge anderer Dinge machen: Probieren Sie zum Beispiel einmal dünn ausgerollten Sauerteig mit Sauerrahm (Schmand), dünn geschnittenen Zwiebeln und Speckwürfeln im Ofen gebacken.

Die Zubereitung ist ganz einfach:

Den Sauerteigansatz im handwarmen Wasser aufweichen, ein Drittel des Mehls hinzugeben. Zu einem dicken Brei verrühren. Brei an einem warmen Ort abgedeckt 12 Stunden stehen lassen.

Ein Drittel des Mehls zu dem Teig hinzugeben und mit warmen Wasser wieder zu einem Brei verrühren. 5-6 Stunden gehen lassen.

Den Rest des Mehles zu dem Teig, der bereits Bläschen werfen sollte, hinzugeben und zu einem Teig verkneten, evtl. mit etwas warmen Wasser.

Sauerteigansatz für das nächste Mal: Von dem Teig ungefähr ein Drittel dünn ausrollen und auf einem Brett oder Stein an der Sonne oder im Ofen trocknen lassen. Das Ganze dann zerbröseln und in einem Leinensäckchen trocken aufbewahren. Wer die nächste Verwendung innerhalb von zwei Wochen plant, kann den Teig auch einfach im Kühlschrank aufbewahren.

Den Rest verbacken.

Zum Beispiel: Brot bei 200° Celsius ca. 45-50 Minuten backen. Wenn der Brotkörper hohl klingt, ist er fertig. Zu diesem Sauerteig können aber auch beliebige Kräuter gemischt werden, bevor es gebacken wird.

Weißes Fladenbrot

Hefe in lauwarmem Wasser zerbröseln und auflösen.

Mit dem Mehl verkneten und einige Stunden an einem warmen Ort gehen lassen.

Salz und Honig hinzufügen. Nochmals etwa eine Stunde gehen lassen.

Aus dem Teig 5-10 Fladen formen und jeweils für ca. 15 Minuten bei 250° Celsius backen.

Tipp: Auch als Hauptmahlzeit mit Kräuterquark oder saurer Sahne:

Quark oder saure Sahne mit Schnittlauch, Petersilie und etwas Salz und Pfeffer vermischen. Evtl. auch Speckwürfel hinzugeben oder nach Belieben mit Käse bestreuen.

Kleine Fladen mit einer Vertiefung in der Mitte formen und Kräutermischung dazugeben. Dann backen.

Zutaten:

500 g Weizenmehl

1 Päckchen Hefe

1 TL Salz

1 TL Honig

Wasser

Dieses Brot kann auch als Laib oder im Topf gebacken werden und war eher in den gehobenen Schichten verbreitet, da das feine, weiße Mehl sehr teuer war.

Als Fladenbrot diente es als Tellerersatz, wurde schon bei den Römern zum Abwischen der Finger (geht auch am Tischtuch) genutzt und in der Regel mitverzehrt. War dies nicht der Fall, freuten sich vor allem in den Städten die Armen, denn das Essen wurde nicht einfach weggeworfen.

Bauernbrot mit Kräutern und Nüssen

Zutaten:

250 g Dinkelmehl

250 g Vollkornmehl (Roggen/Weizen)

1 Päckchen Hefe

100-200 g. diverse Nüsse (Walnüsse, Haselnüsse, geröstete Esskastanien, Pinienkerne...)

zwei Hand voll Kräuter (je nach Saison: Bärlauch, Liebstöckel, Löwenzahn, Fenchel, Rosmarin, Basilikum, Thymian, Sauerklee, Senfkörner, Schnittlauch, Petersilie...)

1 EL Salz

2 EL Apfelessig oder ein halber geriebener Apfel

Wasser

Hefe klein bröseln und in handwarmen Wasser auflösen

Alle Zutaten in einer Schüssel mit etwas lauwarmen Wasser verkneten.

In einer gut gefetteten Form (zum Beispiel Kuchenform oder Römertopf) etwa eine Stunde an einem warmen Ort ziehen lassen.

Dann ca. 1 Stunde bei 200° Celsius im Backofen backen.

Wenn das Brot hohl klingt, ist es durch, ansonsten noch etwas weiter backen (je nach Zutaten).

Ein typisches Bauernbrot. Dunkles Brot galt nicht grade als Delikatesse. Noch heute kommt zu edlen Gerichten eher Weißbrot auf den Tisch, obwohl das dunkle Vollkornbrot inzwischen teurer ist als das weiße.

Und dennoch: Es gibt nichts leckereres als dieses Brot. Rustikal und einfach in der Zubereitung. Auch ohne Butter ein Geschmackserlebnis - und dank der verschiedenen Kräuter und Nüsse immer völlig anders.

Bierbrotsuppe

Eine einfache und leckere Mahlzeit für den Alltag:

Brot zerbröseln oder in kleine Würfel schneiden.

Schmalz in der Pfanne erhitzen und Brot rösten.

Bier dazugeben und auf mittlerer Flamme unter Rühren das Brot einweichen lassen.

Käse hinzugeben (Probieren sie auch hier verschiedene herzhafte Sorten aus) - zum Beispiel auch Ziegen- und Schafskäse.

Würzen und klein geschnittene Kräuter hinzugeben.

Variante: Sie können diese Suppe auch ohne Käse wunderbar genießen. Probieren Sie auch Gemüse aus. Eine grobe luftgetrocknete Wurst kann auch gut mitgekocht werden.

Zutaten:

altes Brot

1/2 Liter (dunkles) Bier

Schmalz

Kräuter (Petersilie, Schnittlauch)

200 g geriebener Käse

Salz, Pfeffer

Arme Ritter

Zutaten:

altes Brot

3 Eier

1 Glas Milch

1 Prise Salz

Eier, Milch und Salz verrühren.

Brotscheiben darin einweichen.

In der Pfanne in etwas Butter goldbraun rösten.

Tipp: Süß mit Zucker und Zimt bestreut kennt Arme Ritter jedes Kind. Probieren Sie das:

Zu den Eiern und der Milch Salz, Pfeffer und Kräuter (Bärlauch schmeckt fantastisch dazu) hinzugeben, verrühren, Brot einweichen, braten.

Grundrezept Brei

Getreideflocken, Wasser und Salz in einen Topf geben und kurz aufkochen, dann auf kleiner Flamme köcheln lassen.

So lange erhitzen, bis die Oberfläche leicht trocken ist. Ab und zu umrühren.

Zutaten:

200 g Getreideflocken

(oder gequetschtes Korn)

1 Liter Wasser

1 TL Salz

Breie aus Getreide sind ganz einfach zuzubereiten, schmecken von sich aus allerdings nach nicht viel und können erst durch die Zutaten wirklich lecker werden.

Das, was wir heute unter „Brei" kennen, war im Mittelalter wahrscheinlich wesentlich trockener. Das bleibt aber ihrem Geschmack überlassen und letzlich auch dem Ort, an dem es verzehrt werden soll. Sehr dicker, zähflüssiger Brei lässt sich besser transportieren als dünner Brei und auch wesentlich besser mit den Händen essen.

Breie können kalt oder warm, pikant-würzig oder als Sättigungsbeilage, süß oder salzig genossen werden.

Probieren Sie auch verschiedene Getreidesorten wie Hafer (das klassische Porridge), Gerste, Weizen (Bulgur), Hirse, Dinkel etc. aus.

Statt Wasser können Sie übrigens auch jede andere Flüssigkeit wie Ziegenmilch, Kuhmilch, Bier, Säfte etc. nehmen.

Süßer Brei

Zutaten:

200 g Haferflocken/Hirseflocken

1 Liter Milch

5 EL Honig

2 EL Zimt

etwas Butter

nach Geschmack: Früchte, gehackte Nüsse

Alle Zutaten vermischen und kurz aufkochen lassen. Dann auf kleiner Flamme so lange köcheln lassen, bis die gewünschte Konsistenz erreicht ist.

Achtung: Früchte erst hinzugeben, wenn die Flüssigkeit bereits leicht breiig geworden ist, damit sie nicht vorzeitig verkochen.

Tipp: Schmeckt hervorragend mit Sauerkirschen!

Dazu 500 g Kirschen, 3 EL Honig und 1 EL Zimt ca. 15 min. erwärmen, nicht kochen!

Pikanter Bauernbrei

Getreideflocken mit dem Bier und dem Ei vermengen und aufkochen lassen.

Frischkäse hinzugeben.

Etwa 20 min. leicht köcheln lassen.

Mit Kräutern und Gewürzen abschmecken.

Zutaten:

150 g Getreideflocken

1/2 Liter dunkles Bier

1 Ei

200 g Frischkäse

Kräuter nach Belieben

Salz, Pfeffer

Krumme Krapfen

Zutaten:

4 Eier

200 g Mehl

200 g würziger Käse, gerieben

Salz, Pfeffer, Ingwer, Muskat

Kräuter nach belieben

Schweineschmalz

Aus allen Zutaten einen Teig kneten, evtl. etwas Milch oder Wasser hinzugeben, um ihn geschmeidig zu machen.

In einer tiefen Pfanne ausreichend Schmalz erhitzen.

Teig mit den Händen zu dünnen Würsten oder Brezeln rollen und im heißen Schmalz backen, bis der Krapfen goldbraun ist.

Abtropfen lassen und heiß servieren.

Eierkuchen mit Kräutern und Speck

Mehl, Eier und Milch zu einem Teig verrühren. Kräuter klein schneiden und hinzugeben.

In einer Pfanne jeweils gewünschte Menge Speck auslassen und Teig darübergeben.

Von beiden Seiten goldbraun backen.

Zutaten:

250 g Mehl

3 Eier

1/2 Liter Milch

200 g durchwachsener Speck

Kräuter nach Saison

Tipp: Schmeckt mit ein wenig saurer Sahne garniert oder mit etwas geraspelten würzigem Käse noch besser.

Getränk: Am besten ein dunkles Bier.

Drei Sorten von Suppen sollten wir in der mittelalterlichen Küche unterscheiden – obwohl wir bei allen dreien das gleiche Rezept zugrunde legen können.

Da nicht immer und überall ein Löffel verfügbar ist, geschweige denn ein Teller für jeden Esser, gibt es zunächst die Suppe, die man aus einem Becher oder einer Schale trinken kann – sie muss also eher dünnflüssig sein.

Zweitens gibt es das Resteessen, den Stew, der immer über dem Feuer hängt und dessen dicke, zähe Substanz durch das Verkochen der Flüssigkeit würzig und gehaltvoll schmeckt – diese Suppe kann man mit Brot „löffeln".

Die dritte Suppe ist die des Festmahles, des Sonntages oder reicheren Haushaltes, der ausreichend Schalen für jeden zur Verfügung hat und wo auch Löffel zur Ausstattung des Haushaltes gehören.

Für welche Variante Sie sich entscheiden, bleibt Ihnen überlassen – die meisten Suppen lassen durch das Verkochen und Ziehenlassen eigentlich alle Varianten zu.

Den besten Eintopf aller Zeiten erhalten Sie übrigens, wenn Sie eine Woche lang ihren Suppenkessel nicht vom Feuer nehmen und einfach alle Reste des Tages hineinwerfen, zwischendurch mal eine halbe Flasche Bier hineinkippen und einfach ziehen lassen – zum Schluss brauchen Sie es nicht mal mehr würzen. Einfach heiß machen und mit etwas Brot genießen.

Frühlingssuppe

Zutaten:

1/2 Liter Milch

2 Eier

250 g Frischkäse

6 Hand voll Frühlingskräuter (Bärlauch, Löwenzahn, Brennnessel, Kresse, Gänseblümchen, Sauerampfer)

etwas Salz und Pfeffer

Milch erwärmen und mit den Eiern verquirlen.

Den Frischkäse unterrühren und kurz aufkochen lassen.

Dann die Kräuter klein hacken und hinzugeben.

Mit Salz und Pfeffer abschmecken und etwa 30 Minuten unter geringer Wärmezufuhr ziehen lassen.

Gerstensuppe

Zutaten:

300 g Gerstenkörner

2 l Wasser

2 Knollen Sellerie

2 Stangen Lauch

1 kleine Zwiebel

1 geriebener Apfel

2 Möhren

1 geräucherte oder luftgetrocknete Wurst

1 kleiner Bund Petersilie

Pfeffer, Salz, Safran

Gerstenkörner grob zerquetschen und über Nacht in Wasser einweichen.

Dann Wasser in einen Topf geben, Gerste, Sellerie, Zwiebel, Lauch, Apfel, Möhren und Safran hinzugeben, aufkochen und so lange bei kleiner Flamme kochen lassen (ca. 30 Minuten), bis alle Zutaten weich sind.

Die Wurst in Scheiben schneiden (gibt dann ihr Aroma besser in die Suppe ab) und hinzugeben, mindestens zehn Minuten, besser einen ganzen Tag lang ziehen lassen.

Mit Kräutern und Gewürzen abschmecken und heiß servieren.

Tipp: Gerstensuppe kann man auch lecker mit Bier zubereiten, aber zumindest als passendes Getränk sollte es Berücksichtigung finden.

Linseneintopf

Zutaten:

500 g getrocknete Linsen

500 ml Gemüsebrühe

250 g Suppenfleisch

2 Zwiebeln

1 TL Honig

Salz, Safran, Pfeffer

Die Linsen mit der Gemüsebrühe aufkochen und leicht köcheln lassen. Fleisch hinzugeben.

Zwiebeln (und evtl. anderes Gemüse) klein schneiden und mit dem Safran und dem Honig hinzugeben.

Mit Salz und Pfeffer, evtl. etwas Petersilie abschmecken.

Tipp: Das Fleisch kann man natürlich auch weglassen.

Lauchsuppe

Lauch und Zwiebel klein schneiden und in das erhitzte Wasser geben.

Den Apfel in kleine Stücke schneiden und dazugeben, das Ganze mit Salz, Pfeffer und Muskat würzen.

Ca. 30 Minuten auf kleiner Flamme kochen.

Nun als dünnflüssige Suppe trinken oder:

Sahne, Eier und angebratenen Speck hinzugeben und so lange kochen, bis ein dickflüssiger Brei entstanden ist. Am besten über Nacht stehen lassen und am nächsten Tag kurz vor dem Verzehr erwärmen.

Zutaten:

5-6 Stangen Lauch

1 kleine Zwiebel

1 Apfel

1 Liter Wasser

1 Becher Sahne

2 Eier

Salz, Pfeffer, Muskat

Fleischreste oder angebratener Speck nach Geschmack

Lauch gehört zu den typischen Gewächsen, die neben Zwiebeln zum alltäglichen Bestandteil der mittelalterlichen Küche gehörten. Diese Suppe können Sie übrigens auch als Zwiebelsuppe kochen - einfach das Verhältnis der Zutaten umdrehen.

Fischsuppe

Zutaten:

1 kg Fisch (auch Fischreste)

1/2 Liter Wein

2 kleine Zwiebeln

1 Bund Suppengrün

Butter

Mehl

1 Becher Sahne

Eigelb

Salz, Pfeffer, Kräuter

Lorbeerblätter

Die Fischreste grob zerhacken und mit den klein geschnittenen Zwiebeln, 3-4 Lorbeerblättern und dem Suppengrün in einem kleinen Topf mit Wasser etwa eine halbe Stunde kochen.

Das Ganze durch ein grobes Sieb drücken.

Die Butter in einer großen Pfanne zerlassen und unter ständigem Rühren Mehl hinzugeben, bis eine helle, sämige Mehlschwitze entstanden ist.

Den Fischsud unterrühren.

Aus dem Sieb die Gräten und Fischköpfe sammeln, den Rest mit dem Wein in die Pfanne geben und durch Kochen etwas verdichten.

Sahne leicht steif schlagen, das Eigelb unterziehen und Kräuter hinzufügen.

Mit der Suppe in der Pfanne vermengen und nocht etwas ziehen lassen.

Knappenomelett mit Kräutern und Speck

Speck in kleine Würfel schneiden und kross anbraten.

Eier und Sahne verquirlen und klein gehackte Kräuter unterheben. Etwas Salz und Pfeffer hinzugeben.

Butter in der Pfanne erhitzen und aus dem Teig 4-6 Omeletts braten.

Das Omelett mit Speck und Käse bestreuen, zusammenklappen und nochmals kurz anbraten.

Zutaten:

6 Eier

50 g Sahne

Butter

Schnittlauch, Petersilie

150 g durchwachsenen Speck oder geräucherte Wurst

100 g geriebener Käse

Salz, Pfeffer

Heidnische Eier im Schnee

Der Brauch, zu Ostern Eier zu suchen, hat sich aus heidnischen Zeiten hinübergerettet. Dieses Rezept stammt aus einem Jahr, in dem es Ostern geschneit haben muss. Auf der schneebedeckten Wiese sind die Eier versteckt.

Brot klein schneiden und in der Pfanne mit etwas Öl rösten.

Öl erhitzen und Knoblauch leicht anbraten.

Frischen Spinat ca. 8-10 Minuten bei geschlossenem Deckel dünsten, dann mit Salz und Pfeffer würzen.

Brot in einer Auflaufform verteilen.

Spinat etwas abtropfen lassen und grob hacken. Dann auf das Brot geben.

Saure Sahne darüber verteilen.

Vier kleine Kuhlen in die Oberfläche drücken und jeweils ein Ei hineinschlagen. Das Ganze im Ofen rund 15 Minuten backen.

Tipp: Ein wenig Parmesan oder anderer geriebener Hartkäse und ein wenig Muskatnuss schmecken gut dazu.

Zutaten:

1 kg frischer Spinat

altbackenes Brot

1 Becher Saure Sahne

4 Eier

Salz, Pfeffer

Öl

Knoblauch

Wilder Salat

Wildpflanzen gut vermengen.

Joghurt, Öl, Senf, Estragon und Schnittlauch verquirlen und mit Pfeffer und Salz abschmecken.

Pinienkerne grob hacken und leicht in der Pfanne anrösten (mit Butter rösten, nicht mit Öl; wer mag, kann etwas Rosmarin dazugeben).

Dressing und Pinienkerne unter den Salat mengen und mit einigen Wildkräutern verziert anrichten.

Tipp: Bei allen Wildpflanzen am besten die jungen Triebe ernten.

Wer mag, kann z. B. auch Fichtennadeln ausprobieren.

Noch besser schmeckt der Salat, wenn man angerösteten Speck und Brotkrumen untermischt.

Zutaten:

Für den Salat:

Salatschüssel mit Wildkräutern und Pflanzen füllen (Bärlauch, Löwenzahn, Brennnessel, Kresse, Gänseblümchen, Giersch, Sauerklee, Sauerampfer).

Pinienkerne

Für das Dressing:

100 g Joghurt

1 EL Öl

1 TL Senf

Pfeffer, Salz

Estragon, Schnittlauch

Das kam auf des Ritters Tafel

Nun wollen wir nach den ganzen Alltagsspeisen doch einmal etwas vernünftiges auf den Tisch haben. Sie haben sicher schon gemerkt: Fleisch kommt bei den einfachen Gerichten kaum vor.

Der Bauer selbst aß wahrscheinlich hauptsächlich Schweine, Hammel, Ziegen, Gänse, eher selten die wertvolleren Rinder. An Wildtieren aß man alle Wasservögel, Greifvögel, alle Singvögel, Kaninchen und Eichhörnchen, aber auch Ratten. Natürlich wurde auch gewildert, aber Reh, Hirsch, Wildschwein oder Fasan waren eher dem Adel vorbehalten.

Ein ritterliches Menü beinhaltete immer mehrere Gänge, wobei ein Gang meist aus drei Gerichten bestand – dies vor allem auch, um die verschiedenen Geschmäcker zu bedienen. Solch ein Festessen konnte teuer werden, ja die Bewirtung der umherziehenden Könige kostete manche freie Stadt und manchen Fürstenhof Unsummen von Geld, so dass die Gebete, der König und sein Hofstaat mögen bitte weiterziehen nach einiger Zeit immer inbrünstiger gewesen sein dürften.

Und so dürfte sich auch mancher Hof nach den aufwendigen Menüs auch wieder auf bodenständige Kost gefreut haben. Dann beschränkt auf vielleicht zwei oder drei Gerichte.

Zu trinken gab es übrigens meist Wein. Met und Bier galten lange noch als Getränke der unteren Stände. In reichen Klöstern, Patrizierhäusern oder an adeligen Höfen leistete man sich einen guten Weinkeller. Weine vom Rhein, der Mosel und aus Burgund waren beliebt. Den rechten Geschmack des Mittelalter vermittelt zum Beispiel der Malvasier – ein Wein, den bereits Martin Luther oder König Richard Löwenherz zu genießen wussten (siehe auch Seite 54)

Als Sättigungsbeilage gab es zum einen das Fladenbrot, welches auch als Teller diente, zum anderen aber Brote, Brei aus Gemüse (zum Beispiel aus Erbsen) und Pasteten.

Rehrücken vom Spieß

Zutaten:

1 Rehrücken

200 g Butter

Salz, Pfeffer,

1 EL Senfkörner,

Kräuter (Majoran, Thymian, Rosmarin, Basilikum, Salbei)

Pfeffer, Salz, Senfkörner und die gehackten Kräuter im Mörser zerkleinern und mit der Butter vermengen.

Den Rehrücken auf den Spieß stecken und mit der Butter großzügig bestreichen.

Fleisch unter ständigem Drehen und erneutem Einstreichen so lange grillen, bis das Fleisch außen eine Kruste bildet, innen aber noch leicht rosa ist (ca. 20-30 Minuten).

Die heruntertropfende Buttermasse und die Fleischsäfte am besten auffangen. Diese können mit einem Getreidebrei vermengt oder als Soße für das Brot genutzt werden.

Fleisch ablösen und genießen.

Wild

Die Zubereitung von Fleisch, insbesondere von Wild setzt entweder dessen Frische oder die richtige Behandlung voraus.

Da wir im Mittelalter eigentlich keine Kühlmöglichkeiten hatten, finden wir gerade bei Wild immer wieder Rezepte, die vorschlagen, das Wild zu beizen und zu spicken.

Da wir heute viel bessere Möglichkeiten haben und neben Frischem auch gefrorenes Fleisch nutzen können, verzichten wir auf diese Methoden, denn es wird dem Geschmack des Wildfleisches in keinster Weise gerecht und ist wirklich nur dann zu verantworten, wenn es sich nach heutigen Maßstäben bereits um Gammelfleisch handelt.

Wir können aber getrost davon ausgehen, dass auf der ritterlichen Tafel nicht selten frisches Wildbret serviert worden ist, denn die Jagd war ein wichtiger Bestandteil des ritterlichen Lebens.

Wildkaninchen am Galgen

So verbreitet wie heute, war das Kaninchen in Mitteleuropa früher nicht. Doch dort wo es sie gab, wird es auch für die Bauern, erst recht aber für den Adel eine leckere Fleischbeilage gewesen sein. Bereits der französische Graf von Foix, Gaston Phoebus beschreibt in seinem Buch über die Jagd zahlreiche Methoden, wie man Kaninchen fängt.

Wie man sie dann zubereitet, dazu mag es zahlreiche Rezepte geben. Wir gehen hier davon aus, dass wir es gleich an Ort und Stelle verspeisen. Brot und Wein haben wir mitgebracht. Ein Feuer lodert bereits:

Zutaten:
1 Wildkaninchen
Siedesalz
Kräuter der Saison

Kaninchen ausnehmen, häuten und abwaschen. Brustkorb mit zwei Hölzern weit öffnen und Kaninchen dick mit Salz und Kräutern einstreichen.

Kaninchen an einem dünnen Hanfseil neben das Feuer hängen (je länger das Seil, desto besser) und mehrmals um die eigene Achse wickeln, damit es sich dreht. Ständig in Bewegung halten. Nun kann, wie bei Döner-Fleisch jeweils die äußere Lage abgeschnitten und verzehrt werden.

Tipp: Statt der Kräuter kann man das Kaninchen auch wunderbar mit selbstgemachtem Senf einstreichen (siehe S. 118).

Malvasier

Der Wein ist eine der ältesten von Menschen genutzten Wild- und Kulturpflanzen. Bereits bei den Ägyptern war der Wein wohl bekannt und auch die Bibel verkündet uns bereits im Alten Testament vom Weine. Sogar in der Steinzeit kannte man schon Reben, was Funde von Traubenkernen in den Abfallhaufen der Pfahlbauten und Abdrücke von Weinblättern in der Kohle beweisen. Die Urväter des deutschen Weines waren die Griechen und die Römer. Den römischen Weinbau gab es vor allem links des Rheines. Als Begründer des deutschen Weinbaus wird Kaiser Probus 276-282 angesehen. Allerdings hat das Getränk, das man damals zu sich nahm, sicher wenig Ähnlichkeit mit dem Wein, wie wir ihn heute kennen. So wurde der römische Wein mit Honig gesüßt (mulsum), eingedickt (defrutum) und zum Haltbarmachen mit Salz versetzt. Auch wurden Kräuter und Gewürze zugefügt, um seinen Geschmack zu verbessern. Diese waren z.B. Fichtennadeln, Süßholz, Myrtenbeeren, Bittermandeln, Rosenblüten, Kardamom, Myrrhe, Oregano und vieles mehr. Allerdings wurde dieser eingedickte und gewürzte Wein zum Trinken mit saurem Wein oder Wasser wieder verdünnt.

Namen von Rebsorten kennt man seit mehr als zweitausend Jahren. So wurden die Burgunderreben bereits im Frühmittelalter benannt. Im 16. Jahrhundert gab es bereits wichtige ampelografische Werke, die sich mit den unterschiedlichen Traubensorten befassten. Rebsorten, die bereits in dieser Zeit bekannt waren sind z.B. auch Riesling, Traminer, Muskateller und Malvasier. Die drei letztgenannten wurden meist als Süß- und Würzweine zubereitet und besonders der Malvasier wurde im Mittelalter ein Synonym für wertvollen Wein, der nur dem Adel und der reichen Oberschicht vorbehalten war. Wir wissen das, weil er in einer Vielzahl literarischer Werke Erwähnung findet, woraus seine enorme Wertschätzung zu schließen ist.

Mit einem Wein dieses Namens wurde schon zu Beginn des 13. Jahrhunderts von Kaufleuten aus der Stadt Monembasia im Süden der Peloponnes gehandelt.

Den Venezianern war es schon vor 1350 gelungen Weinreben von der Peloponnes auf der Insel Kreta heimisch zu machen und den Namen Malvasier zu übernehmen.

Für die Venezianer wurde der Malvasier zwischen dem 14. und dem 17. Jahrhundert zum wichtigsten Exportprodukt ihrer Inselkolonie. Sie taten viel dafür, um das Interesse an diesem Wein europaweit zu wecken und den Bedarf in allen Teilen Europas sicherzustellen. Sie nutzten dazu auch den verbreiteten spätmittelalterlichen Pilgertourismus. Da die Pilger bei ihren Reisen ins Heilige Land meist Schiffe aus Venedig benutzten, auf deren Speisekarten Malvasierweine standen, ging der Name dieses Weines sowie das Lob auf seine Qualitäten in viele Pilgerberichte ein.

In Deutschland hatte der Wein seine größte Verbreitung im 14. und 15. Jahrhundert. Mittlerweile ist er jedoch im deutschen Weinanbau fast vollständig verschwunden. In der Literatur begegnet er uns jedoch immer noch sehr häufig:

So drohte bereits 1478 Kaiser Friedrich III. in Rothenburg in seiner Weinordnung die höchste Buße demjenigen an, der Malvasierweine verfälscht.

Der prominenteste Liebhaber von Malvasierweinen war sicher Martin Luther, dessen Leidenschaft für diesen Wein man in den Berichten über seine Reisen lesen kann:

Luthers Frankfurter Aufenthalt (1520) hat auch legendäre Ausschmückungen erfahren: „Eine ehrwürdige Matrone, die Witwe eines älteren Gilbrecht von Holzhausen, Katharina aus dem Geschlecht der Frosch, ließ es sich nicht nehmen, dem gefeierten Manne, der so schweren Tagen entgegen ging, einen Krug edlen Malvasiers zur Stärkung zu schicken..."

Am 26. April 1521 verließ Luther morgens ohne den Reichsherold (dieser holte ihn in Oppenheim ein) mit seinen Freunden in zwei Wagen die Stadt. Aleander berichtet darüber: „So ist denn der ehrwürdige Schurke gestern drei Stunden vor Mittag mit zwei Wagen abgereist, nachdem er sich eigenhändig in Gegenwart vieler Personen viele Brotschnitten geröstet und manches Glas Malvasier, den er außerordentlich liebt, getrunken hat..."

In Shakespeares Richard III wollten die Mörder die Leiche Clarence in ein Malvasierfass werfen.

In Christoffel von Grimmelshausens abenteurlichem Simplicissimus wünscht sich Springinsfeld, dass es hergehen möge wie im Schlaraffenland, und er Malvasier saufen könne, bis ihm die Augen übergehen.

Dies nimmt Bezug auf das bekannte Gedicht von Hans Sachs: „Eine Gegend heißt Schlaraffenland" dort heißt es: „...Von Malvasier sind voll die Brunnen, die kommen einem von selbst ins Maul gerunnen..."

Eine schöne Vorstellung! Aber auch wenn wir in der heutigen Zeit unser Glas selbst in die Hand nehmen müssen, um es zum Munde zu führen, sollten wir uns den Genuss des Malvasierweines gönnen. Es gibt ihn nämlich noch: das Weingut Menger in Eich betreibt seit vielen Jahren die Zucht dieser Sorte, damit sie bewahrt und erhalten bleibt, auch für noch modernere Zeiten als heute. Die Malvasiertrauben werden dort als trockene Weine, aber auch edelsüß ausgebaut, um so ein wenig das Mittelalter „schmecken" zu lassen. Die trockene Variante passt besonders gut zu Fisch- und Gemüsegerichten, die edelsüße sollten Sie zu mit Ziegenkäse gratinierten Feigen probieren!

Bezugsquelle:

Weingut H.L.Menger, www.weingut-menger.de

Wildschwein in Honigkruste

Zutaten:

großes Wildscheinfilet

150 g Backpflaumen

1 Apfel

1/2 Liter Rotwein

Waldhonig

Vollkornmehl

Fenchel oder Salbei

Zimt, Salz, Pfeffer

Schmalz

Filetstück mit etwas Salz und Pfeffer würzen.

Ein wenig Schmalz mit dem zerstoßenen Fenchel oder Salbei und einem TL Honig in der Pfanne erhitzen und Backpflaumen und den klein geschnittenen Apfel kurz darin wenden.

Alles zusammen auf das Filet geben und zu einem Rollbraten zusammenbinden.

In Schmalz von allen Seiten braun anbraten.

5 EL Honig und den Wein erhitzen und über den Braten geben.

Honig und Vollkornmehl zu einem dicken Brei vermengen und den Braten damit einstreichen.

Bei 200° Celsius etwa eine Stunde im Ofen garen lassen.

Von allen Seiten goldbraun braten und servieren.

Roter Hirsch mit gelber Quitte

Hirschfleisch in Würfel schneiden.

Zwiebeln klein schneiden und in etwas Öl anbraten. Zerbröselte Zimtstange, 2 Lorbeerblätter, zerstoßene Nelke und die Haselnüsse hinzufügen.

Jetzt das Hirschfleisch scharf anbraten.

Alles zusammen in einen Bratentopf geben und mit Rotwein und Sahne ablöschen.

Das Kerngehäuse der Quitten entfernen und hinzugeben.

Alles zusammen bei geschlossenem Deckel 90 Minuten im Backofen bei 180° Celsius schmoren.

Mit Salz und Pfeffer abschmecken.

Dazu passt ein leichter Salat und weißes Brot.

Zutaten:

800 g Hirschfleisch

2 kleine Zwiebeln

1 Nelke

Zimtstange

Lorbeerblätter

50 g Haselnüsse

1/2 Liter Rotwein

1 Becher Sahne

5 Quitten

Öl

Salz, Pfeffer

Würzfasan mit Nüssen

Zutaten:

1 Fasan

Butter

Salz

2 Eier

Milch

2 Nelken

etwas Kardamom

1 TL Honig

Weißbrot

1/2 l Rotwein

100 g Wallnüsse

Thymian, Petersilie, 1-2 Lorbeerblätter

Schmalz

Den ausgenommenen und gerupften Fasan dick von innen und außen einsalzen.

Füllung:

Butter und Eier schaumig schlagen, Milch und Honig hinzugeben, ebenso die im Mörser pulverisierten Nelken, sowie den Kardamom.

Weißbrot in Würfel schneiden und darin einweichen, bis keine Flüssigkeit mehr in der Schüssel steht.

Die Walnüsse kurz anrösten und zusammen mit den Kräutern mit der Füllung vermischen.

Im Bratentopf den Fasan ein wenig in Schmalz anbraten und dann mit etwa einem halbem Liter Rotwein ablöschen.

Den Braten bei ca. 180° Celsius geschlossen im Backofen ca. 60-90 Minuten ziehen lassen.

Gans im Hirsebett

Die Gänsekeulen kräftig salzen und pfeffern. Etwas Schmalz in der Pfanne erhitzen und Keulen anbraten.

Die Gänsekeulen herausnehmen, das Fett aus der Pfanne in einen Topf geben.

In der Pfanne das kleingeschnittene Gemüse anbraten, dann die Gänsekeulen wieder hinzugeben und mit Rotwein und etwas Wasser übergießen, bis die Gans komplett mit Wasser bedeckt ist. Bei geschlossenem Deckel solange braten, bis ca. die Hälfte der Flüssigkeit verdampft ist und das Fleisch gar ist (ca. 80 Minuten).

Ist das Fleisch gar, aus der Pfanne nehmen und warm stellen.

Den Topf mit dem Fett mit der Hälfte der Flüssigkeit aus der Pfanne auffüllen und die gequetschten Hirsekörner oder Flocken hinzugeben und bei geringer Hitze unter gelegentlichem Rühren ca. 25 Minuten ziehen lassen bis der Hirsebrei relativ trocken ist.

Die restliche Flüssigkeit in der Pfanne mit dem Gemüse belassen und die kleingehackte Petersilie und die saure Sahne dazugeben. Etwas Flüssigkeit verkochen, bis eine sämige Flüssigkeit entstanden ist. Mit Salz und Pfeffer abschmecken.

Aus dem Hirsebrei einen Fladen formen, evtl. nochmal in der Pfanne leicht anbraten. Dann das Gemüse daraufgeben und in der Mitte die beiden Keulen platzieren.

Tipp: Wem das Ganze zu fettig wird, kann das Fett jeweils abschöpfen.

Zutaten:

2 Gänsekeulen

1 kleine Zwiebel

2 Stangen Lauch

1 Bund Suppengemüse (Sellerie, Kräuter, Mohrrübe)

1/2 l Rotwein

1 Becher saure Sahne

Petersilie

Pfeffer/Salz

Gänseschmalz

300 g. Hirsekörner

Hammel mit Lauch in Minzsoße

Zubereitung Soße:

Essig und Honig zusammen erwärmen, damit sie sich gut verbinden.

Die klein gehackte Minze hinzugeben und gut verrühren, 2-3 Stunden, besser einen Tag im Kühlschrank ziehen lassen.

Zubereitung Fleisch:

Knoblauch und Zwiebel klein hacken und kurz anbraten. Den klein geschnittenen Lauch, die Minze und den Wein hinzugeben.

Das Fleisch in einen Topf geben und mit der Weinsoße übergießen. Das Ganze ca. 90 Minuten brutzeln lassen, bis das Fleisch komplett gar ist.

Nun die Minzsoße hinzugeben und das Ganze bei geringer Wärme ziehen lassen. Mit Salz und Pfeffer abschmecken.

Zutaten Minzsoße:

6 EL Apfelessig

6 EL Honig

drei Hand voll Minze

Zutaten Braten:

1 kg Hammelbraten

2 Knoblauchzehen

1 kleine Zwiebel

3 Stangen Lauch

1/4 Liter Weißwein

Minze

Salz, Pfeffer

Lamm in Knoblauch und Rosmarin

Zutaten:

Lammkeule

4 Knoblauchzehen

Rosmarin, Estragon Thymian

100 g Walnüsse

Honig

1/4 Liter Weißwein

Salz, Pfeffer

Öl

Knoblauch klein schneiden und mit den gehackten Kräutern (Rosmarin, Estragon und Thymian), 2 EL Honig und etwas Öl im Mörser zu einer geschmeidigen Masse verrühren.

Wein mit Salz und Pfeffer vermischen und in den Bratentopf geben.

Lammkeule mit der Knoblauchmasse von allen Seiten bestreichen und im Bratentopf oder im Backofen bei 180° C etwa 1-2 Stunden braten.

Zwischendurch (2 bis 3-mal) immer wieder mit der Masse bestreichen.

In der Zwischenzeit die Walnüsse klein hacken und mit etwas Honig, Salz und Rosmarin in der Pfanne anbraten.

Kurz bevor das Fleisch fertig ist, die Lammkeule mit den Honig-Rosmarinnüssen bestreichen und servieren.

Tipp: Ein Haferbrei mit geröstetem Rosmarin passt gut dazu.

Kalb in Senfsoße

Zutaten:

4 Kalbsfilets

1 Knoblauchzehe

100 g Senfkörner

2 EL Honig

2 EL Apfelessig

Pfeffer, Salz

Thymian

Ingwer

Weißwein

Den Knoblauch mit etwas Fett anbraten, die Filets hinzugeben und von beiden Seiten bei hoher Hitze ganz kurz anbraten, so dass sie leicht braun von außen sind, innen aber noch roh.

Senfkörner im Mörser zerstoßen und Honig und Essig hinzugeben. Thymian klein schneiden und hinzugeben. Etwas geschroteten schwarzen Pfeffer und ein wenig Ingwer dazu geben.

Diese Soße mit Weißwein verlängern bis sie dünnflüssig wird, in der Pfanne erhitzen und die Filets darin kochen, bis sie bis auf einen leichten Roseton im Innern durch sind.

Hierzu passt fantastisch Wild- oder Dinkelreis.

Gehackteskuchen

Zutaten:

Für den Teig:

250 g Vollkornmehl

80 g Schmalz

2 Eier

Für die Füllung:

500 g Hackfleisch (halb Schwein, halb Rind)

4 Eier

1 Zwiebel

2 Knoblauchzehen

1 Apfel

250 g Speck

1 Bund Giersch, Spinat oder Liebstöckel

Salz und Pfeffer zum Würzen

Mehl, Schmalz, 2 Eier zu einem Teig verkneten. Evtl. etwas Wasser dazugeben.

Speck kleinschneiden und mit dem Hackfleisch anbraten.

Apfel, Zwiebel, Knoblauch und Gemüse klein schneiden und mit den Eiern (2 Eigelbe aufheben) zum Hackfleisch geben und das Ganze mit Salz und Pfeffer würzen.

Den Teig ausrollen und die Hackfleischfüllung auf eine Seite geben, dann die andere Seite umschlagen und fest zusammendrücken.

Mit einem Holzspieß mehrmals oben einstechen.

Bei 200° Celsius im Backofen ca. 20 Minuten backen, dann mit Eigelb bestreichen und nochmals 20-30 Minuten backen.

Tipp: Probieren Sie auch etwas Fenchel in der Gehacktesmischung

Wenn der Pfaffe zu Besuch.... Fastentage

Am Fastentage sollte der mittelalterliche Mensch die Fastenvorschriften beachten, denn nicht nur sein Seelenheil wäre in Gefahr gewesen.

Lästigerweise gab es eine ganze Menge Fastenfage. Die Heiligentage, Freitage, teilweise Mittwoche und Samstage, die Fastenzeit zwischen Karneval und Ostern...da wurde man schnell erfinderisch.

Milch ersetzte man durch Mandelmilch, die erlaubten Wassertiere wurden kurzerhand auch auf den Biber, der ja immerhin eine Schwanzflosse besitzt, erweitert und Geflügel durfte in der Suppe (also im Wasser gekocht) ebenfalls gegessen werden, weil Gott ja Fisch und Vogel am selben Tage erschaffen hatte.

Hungern musste der normale Bürger jedoch – zumindest in guten Zeiten – nicht. Fasten hatte in der Regel nichts mit weniger Essen zu tun. An einem Fastentage gab es eben kein Fleisch - dennoch konnten Feste mit 30 verschiedenen Gerichten ohne Probleme ausgetragen werden.

Die Fastenregeln sollen uns aber heute nicht davon abhalten, genau das zu kochen, worauf wir Appetit haben.

Mandelmilch

Mandelmilch gehört zu jenen Erfindungen, die man ersonnen hat, um besser über die Fastentage zu kommen. Denn Milch durfte lange Zeit und vielerorts an den Fastentagen nicht zur Ernährung herangezogen werden. Also schufen die mittelalterlichen Köche etwas, was ähnlich aussieht und – nun ja, nicht ähnlich, aber dennoch gut schmeckt. Probieren Sie es – Mandelmilch kann man in jeder Hinsicht als Milchersatz beim Kochen und Backen einsetzen!

Zutaten:

150 g Mandeln

1/2 Liter leichter Weißwein oder Wasser

1 Prise Zucker

Die Mandeln mit kochendem Wasser übergießen und schälen.

Die Mandeln nun zerkleinern (am besten in der Küchenmaschine) und in den erhitzten Wein und Zucker geben.

Das Ganze so lange rühren, bis eine milchig-weiße Flüssigkeit entstanden ist.

Das Ganze durch ein grobes Sieb abgießen.

Fastenhahn in Mandelmilch

Dass die Kirche immer eine Lösung für weltliche Probleme hatte, ist nichts Neues - bereits im Mittelalter, als die Fastentage noch große Bedeutung hatten, beruft man sich auf gewagte Theorien. Eine davon: Da Geflügel und Fische am gleichen Tag der Schöpfungsgeschichte von Gott erschaffen wurden, gilt Geflügel nicht als Fleisch (sondern als Fisch). Zusammen mit Mandelmilch also nicht nur ein statthaftes, sondern auch ein schmackhaftes Gericht.

Zutaten:

250 g Hähnchenbrust

1 kleine Zwiebel

1 Stange Lauch

2 Karotten

Mandelmilch

Salz, Pfeffer

Schmalz

Die Zwiebel klein schneiden und in der Pfanne mit etwas Schmalz glasig anbraten. Mit etwas Wasser auffüllen, würzen und durch Verkochen etwas verdichten, bis ein schöner Fond entstanden ist.

In diesem Fond die Hähnchenbrust zusammen mit dem Lauch und den Karotten garen, bis die Hähnchenbrust durchgehend weiß ist. Das Fleisch dann wieder herausnehmen und den Fond durch ein Sieb in die Mandelmilch geben, verquirlen und dann aufkochen.

Diese Mandelmilchsoße evtl. mit etwas Reismehl binden. Das Ganze etwas verdichten und dann die Fleischwürfel dazugeben.

Dazu passt weißes Brot.

Kräuterhecht im Weinsee

Zutaten:

1 kleiner Hecht (oder ein Stück vom großen)

150 g Mehl

3 Hände frische Kräuter (Petersilie, Dill, Thymian, Salbei, Koriander, Liebstöckel, Rosmarin)

2 Eier

1/2 Flasche Weißwein (Malvasier)

Salz, Pfeffer

Mohrrüben oder anderes Gemüse nach beliebn.

Den Hecht ausnehmen und mit Salz innen und außen bestreichen. Etwas ziehen lassen.

Aus dem Mehl, den klein gehackten und im Mörser gequetschten Kräutern und den Eiern einen zähflüssigen Teig rühren. Evtl. etwas Wein hinzugeben.

In eine Backform (am besten geschlossen, geht aber auch offen) einen Tonteller verkehrt herum legen und den Hecht darauf platzieren. Dick mit dem Teig einstreichen.

Den restlichen Weißwein in der Backform aufgießen, sollte den Hecht aber nicht berühren.

Gemüse klein schneiden und in den Weißwein geben. Das ganze bei 200° Celsius etwa eine Stunde backen. Dabei die ersten 20-30 Minuten den Deckel geöffnet lassen, damit der Kräuterteigmantel schneller ausbacken kann. Wenn das Hechtfleisch weich und weiß ist, ist der Hecht gar.

Mit weißem Pfeffer bestreuen.

Tipp: Das Ganze am besten auf Fladenbrot servieren.

Forelle im Säckchen

Mehl, Milch, Eier, Salz und Thymian zu einem dünnflüssigen Pfannkuchenteig verrühren und in einer Pfanne zu dünnen, nicht allzugroßen Pfannkuchen backen.

Für die Füllung die Forelle in Butter braten, das Fleisch vom Fisch ablösen und in der Pfanne mit Sahne ablöschen. Die Sahne etwas verkochen lassen, bis die ganze Masse zähflüssig wird. Die gehackten Kräuter dazurühren und mit etwas Salz abschmecken.

Die Füllung auf die Pfannkuchen verteilen und mit einem Grashalm zu Säckchen zubinden und in eine Auflaufform stellen.

Etwas Butter in der Pfanne erwärmen und unter ständigem Rühren etwas Mehl hinzugeben, dann mit dem Wein sämig schlagen. Mit Salz abschmecken.

Die Soße über die Forellensäckchen geben und mit dem Käse und schwarzem Pfeffer bestreuen.

Das Ganze bei 180° Celsius im Backofen etwa 15 Minuten backen lassen.

Zutaten:

Pfannkuchenteig:

100 g Mehl

100 ml Milch

2 Eier

1 Prise Salz

1 EL Thymian gehackt

Füllung;

1 Forelle

Petersilie, Koriander

100 g Sahne

Soße:

Butter

Mehl

Weißwein

Salz, Pfefer

100 g geriebener Käse

Lachs in Kräutersoße

Zutaten:

ein ganzer Lachs

1/2 Liter Weißwein

4 kleine Zwiebeln

1 Karotte

1-2 EL Pfeffer (roten oder weißen)

2 Stangen Lauch

2 Eier

3 Hand voll Kräuter (Dill, Petersilie, Rosmarin, Thymian, Kerbel, Liebstöckel, Lavendel)

1 EL Salz

Den ausgenommenen Lachs mit einer Hand voll Kräutern abreiben und füllen. Dann an einem kühlen Ort ruhen lassen.

Lauch, Karotte und Zwiebeln klein schneiden. Kräuter hacken.

Den Wein erwärmen (nicht kochen) und Gemüse, Gewürze und drei Hand voll der Kräuter hinzugeben. Das Ganze ca. 10 Minuten bei leichter Hitze ziehen lassen.

Den Lachs in den nun stärker erhitzten Sud geben und so lange leicht köcheln, bis das Lachsfleisch sich leicht von den Gräten lösen lässt (ca. 10 Minuten).

Den Lachs nun herausnehmen und warm stellen.

Eigelbe mit einem Teil der Soße verqirlen und zum Rest geben. Diesen Sud durch Verkochen so lange verdichten, bis er leicht zähflüssig ist.

Den Lachs damit übergießen und servieren.

Tipp: Das Ganze funktioniert natürlich auch mit Lachsfilet - sieht zwar nicht so schön aus - schmeckt aber genauso gut.

Als Beilage empfiehlt sich in Öl und Rosmarin geröstetes Weißbrot oder Reis.

Aal in Salbei-Nuss Soße

Soße:

Walnüsse, Pinienkerne hacken und mit den Salbeiblättern und dem Zimt im Mörser (oder in der Küchenmaschine) vermengen.

In einem kleinen Topf 3 EL Essig erwärmen und die Nuss-Salbei-Mischung hinzugeben.

Aal:

In einer Pfanne etwas Schmalz erhitzen, einige im Mörser zerkleinerte Salbeiblätter, 1 TL Salz und 2 TL Pfeffer hinzugeben.

Aal in etwa daumendicke Scheiben schneiden und in der Pfanne anbraten, bis er kurz davor ist zu zerfallen.

Weißbrot in Scheiben schneiden, Aal darauf legen und mit der Soße übergießen. Heiß servieren.

Zutaten:

1 Aal

Salz, Pfeffer

150 g Walnüsse

100 g Pinienkerne

2 Hand voll Salbeiblätter

1-2 TL Zimt

Essig (am besten Apfelessig)

Weißbrot

Schmalz

Heringspastete

Pasteten begegnen uns in der mittelalterlichen Küche wesentlich häufiger als heute.

Da Heringe fast überall und dank der guten Haltbarkeit der Salzheringe vor allem fast immer verfügbar waren, scheint uns die Heringspastete das passende Gericht für einen Fastentag zu sein.

Die Teigzutaten zu einem Teig kneten und etwa eine Stunde ruhen lassen.

Eine Pastetenform/Springform mit dem Teig auskleiden und bei 180° Celsius etwa 10 Minuten vorbacken.

Einen Teil des Teiges zu einem Pastetendeckel ausrollen und ganz kurz (1-2 Minuten) im Backofen vorbacken.

Füllung:

Den entgräteten Hering kalt abspülen, dann kurz in kochendes Wasser geben und dann sofort abtropfen lassen.

Den Hering klein schneiden und mit dem in Scheiben geschnittenen Apfel, den Rosinen, etwas Zimt und Salz vermischen. Einen Schuss Wein dazugeben. Sollte die Masse nun zu flüssig sein, Flüssigkeit abschöpfen.

Die komplette Masse in die Pastetenform geben, mit dem Deckel möglichst dicht verschließen und mit Butter bestreichen.

Mit etwas Zucker bestreuen und bei 180° Celsius im Ofen ca. eine Stunde backen.

Zutaten:

Teig:

250 g Mehl

1 Ei

150 g Schmalz

1 Prise Salz

Füllung:

500 g Salzhering

1 Apfel

1 EL Rosinen

1-2 EL Weißwein

Butter

Zucker, Salz, Zimt

Die Verführung der Engel

Glaubt man den Überlieferungen, liebten die alten Rittersleute Süßspeisen mindestens genauso wie ihre Damen. Doch Süßspeisen waren teuer, denn Zucker war ein kostbares Gut – es gab ihn zwar, aber er wurde fast mit Gold aufgewogen.

Die einfachen Menschen süßten mit Honig, begnügten sich mit der natürlichen Süße von Äpfeln, Birnen, Kirschen, Brombeeren, Heidelbeeren, Erdbeeren und sonstigen Früchten.

Doch wer es sich leisten konnte, der genoss auch kulinarische Kostbarkeiten wie zum Beispiel Marzipan. Die Köche zauberten aus bescheidenen Mitteln nicht selten eine Vielzahl köstlicher Konfekte, diesem Thema könnte man glatt ein eigenes Buch widmen.

Wir wollen uns aber hier auf einige wenige schöne Süßspeisen konzentrieren.

Marzipan

Zutaten:

500 g Mandeln

5 Tropfen Bittermandelöl (geht auch ohne, schmeckt aber besser)

500 g Puderzucker

3-5 EL Rosenwasser (oder Wein, z.B. Malvasier)

Mandeln über Nacht in kaltes Wasser legen, dann die Haut abziehen.

Mandeln wieder für 2-3 Stunden in kaltes Wasser legen. Wasser möglichst 2-mal wechseln.

Mandeln abtrocknen und mahlen.

Wer will kann sich diese Arbeitsschritte auch sparen und gleich weiße, gemahlene Mandeln kaufen.

Die gemahlenen Mandeln nochmals im Mörser oder der Küchenmaschine zerkleinern und im Topf mit dem Zucker und dem Rosenwasser bei leichter Wärme so lange verrühren, bis die Masse halbwegs geschmeidig ist.

Den restlichen Zucker und das Mandelöl (und evtl. weitere Gewürze) in die Masse einkneten.

Fertig ist die Rohmasse. Wer mag, kann diese nun zu Konfekten formen oder für andere Rezepte weiterverarbeiten.

Tipp: Marzipan lässt fast alles mit sich machen. Versuchen Sie, etwas Ingwer dazuzugeben, aber auch Zimt schmeckt toll. Geriebene Früchte oder Fruchtsaft unter die Marzipanmasse zu kneten, gibt dem ganzen einen frischen, trügerisch leichten Geschmack.

Zur Deko eignen sich Mandeln oder Kirschen besonders.

Tipp: Marzipankonfekt schmeckt noch besser, wenn es bei 180° Celsius im Ofen kurz gebacken wird (ca. 10 Minuten, damit nur die Oberfläche trocken wird, innen sollte es schön saftig bleiben).

Honigwaffeln

Zutaten:

100 g Butter

200 g Mehl

1 Prise Salz

2 TL Zimt

5 EL Honig

etwas Milch oder Sahne

Butter, Mehl, Zimt, Salz und Honig vermengen und unter Zugabe von Milch oder Sahne glatt rühren (nicht zu flüssig).

Teig möglichst dünn zu kleinen runden Flecken ausrollen und bei 180° Celsius im Backofen 10-15 min. backen. (Am besten Backpapier benutzen, klebt ziemlich!)

Tipp: Wer die Waffeln im Waffeleisen oder in der Pfanne machen will, sollte den Teig mit etwas mehr Milch flüssiger rühren.

Schmalzküchlein

Die Eier trennen, das Eiweiß steif schlagen.

Eigelb, Honig, Mandeln, Mehl, Salz und Muskat vermengen und zum Eischnee geben.

Den Teig etwas ruhen lassen.

In der Zwischenzeit Schmalz in der Pfanne erhitzen.

Teig mit den Händen zu dünnen Würsten rollen und im heißen Schmalz goldbraun backen.

Am besten heiß servieren.

Tipp: Besonders gut schmecken diese Küchlein mit Puderzucker bestreut oder mit einer Fruchtsoße übergossen:

100 g Fruchtgelee und etwas süßen Wein erwärmen und über die Küchlein geben.

Zutaten:

4 Eier

4 EL Honig

100 g gemahlene Mandeln

100 g feines (Weizen-)Mehl

Schmalz

1 Prise Salz

1 Prise Muskat

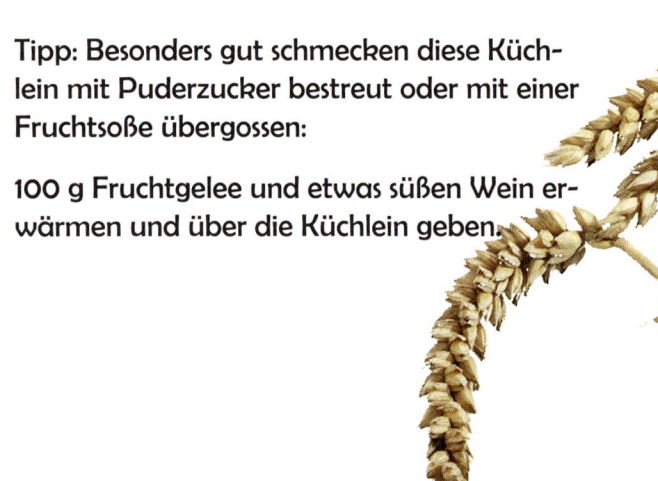

Bratapfel

Nüsse klein hacken, Rosinen, Honig, Zimt und Anis hinzugeben und zu einem zähen Brei verrühren.

Apfelgehäuse ausschneiden, von außen mit jeweils rund 20 Nelken spicken und den Apfel mit der Masse füllen.

Je Apfel einen Teelöffel flüssigen Honig darüber geben.

Im Backofen bei 160° Celsius etwa 30 Minuten backen, bis der Apfel schön weich ist. Heiß servieren, die Nelken sollten vor dem Essen entfernt werden.

Zutaten:

4-6 Äpfel

150 g Nüsse (nach Geschmack gemischt oder Haselnuß, Wallnus, Pinienkerne oder Mandeln)

80 g Rosinen

Honig

2 EL Zimt

1/2 EL Anis

Nelken

Tipp: Probieren Sie es ruhig auch ohne Nelken - ihr Geschmack ist sehr durchdringend, aber Sie riechen köstlich. Als Gewürz können Sie zur Abwechslung eine Prise Muskat an die Füllmasse geben, aber auch Ingwer macht sich sehr gut und gibt dem Ganzen eine besondere Note - reiben Sie dazu einfach ein wenig Ingwerwurzel dazu.

Nonnenpfürzchen

Kaum ein mittelalterliches Kochbuch verzichtet auf ein Rezept mit dem Namen Nonnenpfürzchen. Das muss am Namen liegen, denn überliefert sind gleich mehrere verschiedene Rezepte unter gleichem Namen.

Also versuchen wir uns auch daran und hoffen, etwas Neues in den Archiven ausgegraben zu haben.

Zutaten:

4 Eiweiß

1 Vanilleschote (oder 2 Päckchen Vanillezucker)

400 g Zucker

400 g Haselnüsse (gehackt oder gestiftet)

etwas Butter

In einer Pfanne etwas Butter erwärmen (ganz wenig!).

Die Haselnüsse hinzugeben und leicht mit etwas von dem Zucker bestreuen. Alternativ kann man hier auch Honig nutzen. Das Ganze kurz Rösten.

Eiweiß steif schlagen, Vanilleschote auskratzen und mit dem restlichen Zucker zu den gerösteten Nüssen hinzugeben.

Gut vermengen und dann löffelweise auf ein Backblech verteilen.

Bei 150° Celsius etwa 20-30 Minuten backen - Je nach Geschmack!

Bischoffs-Beeren

Zutaten:

500 g frische Erdbeeren

eine halbe Hand voll grob geschroteter Pfeffer

3 EL dünnflüssiger Honig

1/2 Liter Malvasier-Wein

Erdbeeren in einer kleinen Schale zu einer Pyramide aufrichten.

Pfeffer (je nach Geschmack roten, schwarzen, weißen oder auch grünen) darüber streuen.

Den Honig gleichmäßig darüber verteilen.

Dann mit Wein übergießen.

Dieses Rezept ist wahrhaft göttlich und zudem auch für den Fastentag geeignet. Man stelle sich die mit edlen Wandbehängen ausgestatteten Privatgemächer eines Bischoffs oder Abtes vor. In der Mitte des Raumes ein kleines Tischchen, darauf ein kostbarer silberner Kerzenleuchter und ein silbernes Schüsselchen mit besagten Bischofsbeeren, die mit ihrer prallen roten Farbe die brennende Kerze tausendfach reflektieren. - Wer möchte da nicht Bischoff sein...

Grundfertigkeiten

Gewisse Grundfertigkeiten sind immer hilfreich, wenn man mittelalterlich speisen will. Es ist zwar heute nicht mehr nötig, Fleisch zu pökeln, um es haltbar zu machen, und Käse kann man in jeder beliebigen Sorte kaufen, doch wer so etwas einmal selbst gemacht hat, der wird schnell feststellen, welche geschmacklichen Möglichkeiten ihm bislang entgangen sind.

Grade beim Käsen und Räuchern, aber auch beim Butter machen ergeben sich unendlich viele Möglichkeiten. Aber auch selbst gemachter Senf wartet in unendlich vielen Varianten.

Natürlich kann dieses Buch nur einen begrenzten Einblick in die interessantesten Küchenfertigkeiten geben. Wir verzichten daher bewusst auf Dinge wie das Einkochen von Früchten, was es bereits im Mittelalter gab, die Herstellung von Gelees oder die Produktion von Essig und vielen anderen leckeren Dingen und auch beim Käsen, Pökeln und Räuchern stellen wir lediglich eine Variante von vielen dar, um Ihnen Lust auf mehr zu machen.

Räuchern

Der Vorgang des Räucherns ist eigentlich ganz einfach. Fleisch oder Fisch wird solange in Rauch gehängt, bis es einerseits dadurch etwas getrocknet, andererseits den Geschmack des Rauches angenommen hat.

Die Art des Räucherofens ist von der Methode (kalt- oder heißgeräuchert) abhängig. Wer mag, kann sich nach mittelalterlichen Vorbildern, von denen es dutzende Varianten gibt, einen Räucherofen bauen. Einfacher und zweckmäßiger ist es, einfach einen entsprechenden Stahlräucherschrank zu kaufen. Dieses gibt es bereits für weniger als 100 Euro.

Beim Räuchern sollten Sie einfach ausprobieren, was Ihnen schmeckt. Am einfachsten zu räuchern sind Forellen, aber auch jeder andere Fisch.

Dazu einfach Räuchermehl mit Lorbeerblättern und Wacholderbeeren vermischen.

Forellen ausnehmen und säubern. Leicht einsalzen oder auch mit Kräutern einreiben.

Forellen auf einen Rost in den Ofen legen und Räucherofen fest verschließen.

Feuer unter dem Ofen entfachen oder heiße Kohlen dort verbrennen lassen.

Nach einer halben Stunde sollten die Forellen von goldbrauner Farbe sein und das Fleisch fast von den Gräten abfallen.

Zutaten:

Buchenholzräuchermehl

3 Lorbeerblätter

5 kleingestoßene Wacholderbeeren.

4 Forellen

Salz

Käse

Zutaten:

10 Liter Ziegenmilch

300 ml Buttermilch

1 g Calciumchlorid

2 ml Lab
(Aus dem Molkereifachhandel)

Käsen ist eine Wissenschaft an sich und wesentlich komplizierter als Kochen, weil sich die rohe Milch ständig verändert. Dennoch lohnt es sich, einmal zu probieren, Käse selbst zu machen.

Käse wurde im Mittelalter nicht von jedem selbst gemacht. Auf dem Land, selbstverständlich mehr als in der Stadt, war Käse ein willkommenes Zubrot vieler Bauern, das man sich auf dem Markttage verdienen konnte.

Auch die Klöster haben eine lange Tradition in der Käseherstellung und viele Käsesorten haben wir der Experimentierfreudigkeit der Mönche zu verdanken.

Probieren Sie dieses Rezept einfach mal aus - gelingt es, sollten Sie dran bleiben und eigene Variationen ausprobieren. Es gibt gute Literatur zum Herstellen eigenen Käses.

Ziegenmilch auf 30° Celsius erwärmen und mit der Buttermilch verrühren. Das Ganze eine halbe Stunde stehen lassen.

Bei 30° Celsius das Calciumchrorid und das Lab einrühren. Bei gleichbleibender Temperatur ruhig stehen lassen, bis die Masse, die sich absetzt, leicht fest ist (wie Frischkäse). Diese Masse in ca. 3-4 cm große Würfel schneiden und das Ganze um etwa 10° Celsius langsam abkühlen lassen.

Innerhalb der nächsten Stunde setzt sich die Molke ab, die Bruchwürfel in Lochformen füllen und alle fünf Stunden wenden. Dann die einzelnen Käseleibe aus der Form nehmen und in Siedesalz, evtl. mit getrockneten Kräutern wenden. Bei ca. 12° Celsius fünf Tage bei einer Luftfeuchtigkeit von ca. 80% reifen lassen.

Räuchern

Der Vorgang des Räucherns ist eigentlich ganz einfach. Fleisch oder Fisch wird solange in Rauch gehängt, bis es einerseits dadurch etwas getrocknet, andererseits den Geschmack des Rauches angenommen hat.

Die Art des Räucherofens ist von der Methode (kalt- oder heißgeräuchert) abhängig. Wer mag, kann sich nach mittelalterlichen Vorbildern, von denen es dutzende Varianten gibt, einen Räucherofen bauen. Einfacher und zweckmäßiger ist es, einfach einen entsprechenden Stahlräucherschrank zu kaufen. Dieses gibt es bereits für weniger als 100 Euro.

Beim Räuchern sollten Sie einfach ausprobieren, was Ihnen schmeckt. Am einfachsten zu räuchern sind Forellen, aber auch jeder andere Fisch.

Dazu einfach Räuchermehl mit Lorbeerblättern und Wacholderbeeren vermischen.

Forellen ausnehmen und säubern. Leicht einsalzen oder auch mit Kräutern einreiben.

Forellen auf einen Rost in den Ofen legen und Räucherofen fest verschließen.

Feuer unter dem Ofen entfachen oder heiße Kohlen dort verbrennen lassen.

Nach einer halben Stunde sollten die Forellen von goldbrauner Farbe sein und das Fleisch fast von den Gräten abfallen.

Zutaten:

Buchenholzräuchermehl

3 Lorbeerblätter

5 kleingestoßene Wacholderbeeren.

4 Forellen

Salz

Pökeln

Zutaten:

200 g Meersalz

1 g Salpeter

getrocknete Kräuter und Gewürze nach Wahl

1 Prise Zucker

4 kg Schweinefleisch

Pökeln dient dazu, Fleisch über einen längeren Zeitraum haltbar zu machen. Es gibt mehrere Verfahren, wie man Fleisch pökeln kann. Wir beschränken uns hier auf die Darstellung der Trockenpökelung, weil wir aus dem so gepökelten Fleisch auch wunderbare Schinken herstellen können.

Gepökelt wurde das Fleisch dann, wenn üblicherweise geschlachtet wurde, also wenn die Tage zuverlässig kühl blieben, ab Anfang November. Insbesondere ländliche Haushalte aber auch die Klöster und Burgküchen hatten ein Pökelfass im Keller stehen, in dem das Fleisch aufbewahrt wurde.

Das Fleisch leicht eingesalzen mit einem schweren Gegenstand beschwert über Nacht liegen lassen. Es dürfen sich keine Blutreste mehr im Muskel befinden.

Zucker, Meersalz und Salpeter gründlich mischen, die Kräuter (z.B. 2 Lorbeerblätter, 4 Wacholderbeeren, 1 Bund Salbei) kleingehackt hinzugeben.

Nun das Fleisch mit dem Pökelsalz gründlich einmassieren. Insbesondere an den Übergängen zum Knochen oder in Vertiefungen.

Das Fleisch auf einem Rost (damit der Fleischsaft ablaufen kann) bei 4-6° Celsius übereinandergestapelt an einem trockenen, dunklen Ort liegen lassen. Alle vier Tage etwas nachsalzen und die unteren Stücke nach oben legen.

Nach ca. 28 Tagen Fleisch abspülen, trocknen und an einem trockenen, etwas wärmeren Ort (bis 9° Celsius) nochmals 7 Tage lagern lassen.

Das Fleisch sollte nun eine durchgehende rötliche Färbung aufweisen.

Kühl und dunkel lagern.

Gepökeltes Fleisch kann als Rohschinken verzehrt werden, oder für die Zubereitung von Fleischspeisen zunächst gewässert werden und dann wie frisches Fleisch gekocht werden

Tipp: Rind- und Wildfleisch benötigt weniger Pökelsalz. Die Menge einfach um etwa ein Drittel kürzen.

Käse

Zutaten:

10 Liter Ziegenmilch

300 ml Buttermilch

1 g Calciumchlorid

2 ml Lab
(Aus dem Molkereifachhandel)

Käsen ist eine Wissenschaft an sich und wesentlich komplizierter als Kochen, weil sich die rohe Milch ständig verändert. Dennoch lohnt es sich, einmal zu probieren, Käse selbst zu machen.

Käse wurde im Mittelalter nicht von jedem selbst gemacht. Auf dem Land, selbstverständlich mehr als in der Stadt, war Käse ein willkommenes Zubrot vieler Bauern, das man sich auf dem Markttage verdienen konnte.

Auch die Klöster haben eine lange Tradition in der Käseherstellung und viele Käsesorten haben wir der Experimentierfreudigkeit der Mönche zu verdanken.

Probieren Sie dieses Rezept einfach mal aus - gelingt es, sollten Sie dran bleiben und eigene Variationen ausprobieren. Es gibt gute Literatur zum Herstellen eigenen Käses.

Ziegenmilch auf 30° Celsius erwärmen und mit der Buttermilch verrühren. Das Ganze eine halbe Stunde stehen lassen.

Bei 30° Celsius das Calciumchrorid und das Lab einrühren. Bei gleichbleibender Temperatur ruhig stehen lassen, bis die Masse, die sich absetzt, leicht fest ist (wie Frischkäse). Diese Masse in ca. 3-4 cm große Würfel schneiden und das Ganze um etwa 10° Celsius langsam abkühlen lassen.

Innerhalb der nächsten Stunde setzt sich die Molke ab, die Bruchwürfel in Lochformen füllen und alle fünf Stunden wenden. Dann die einzelnen Käseleibe aus der Form nehmen und in Siedesalz, evtl. mit getrockneten Kräutern wenden. Bei ca. 12° Celsius fünf Tage bei einer Luftfeuchtigkeit von ca. 80% reifen lassen.

Senf

Senfkörner im Mörser zerstoßen oder mahlen.

Mit dem Honig und etwas Essig vermischen und mit Salz abschmecken.

Tipp: Senf kann man mit Kräutern, Gewürzen, aber auch mit Früchten wie Äpfeln, Feigen, Weintrauben, sogar mit dunklem Bier oder Würzwein veredeln. Probieren Sie es aus!

Zutaten:

100 g Senfkörner

1 EL Honig

Essig

Salz

Butter

Zutaten:

2 Becher süße Sahne

Kräuter und Salz nach Wunsch

Anders als früher, ist es heute das einfachste der Welt, Butter herzustellen:

Sahne in eine Schüssel geben und mit dem Schneebesen oder elektrischem Rührgerät so lange schlagen, bis die Sahne zu Butter wird.

Die Buttermilch abgießen (kann extra getrunken werden).

In die frische Butter etwas Salz und beliebige Kräuter geben.

Tipp: Gesalzene Salbeibutter schmeckt besonders gut auf hellem Brot. Dazu etwa eine kleine Hand voll Salbeiblätter klein gehackt in die Butter geben.

Im Frühjahr sollte man unbedingt auch Butter mit Bärlauch probieren.

www.baculus.de
Ihr Ausstatter für Mittelalter-Ambiente

Obergasse 1, 36399 Freiensteinau, Tel. 06666-918199; mobil: 01520-9882270, Ansprechpartner Tatjana Junker, E-Mail: Shop@Baculus.

MAGDALENE & WOLFGANG GRABITZ
Hüttenkochbuch

ISBN 978-3-7888-1171-6
Hardcover / 128 Seiten
Format 21 x 20 cm
€ 14,95

Einfache, schmackhafte Rezepte mit wenig Zutaten für die Jagd-, Berg- oder Wanderhütte. Ideal für alle Naturbegeisterten! Mit stimmungsvollen Fotos.

WWW.NEUMANN-NEUDAMM.DE

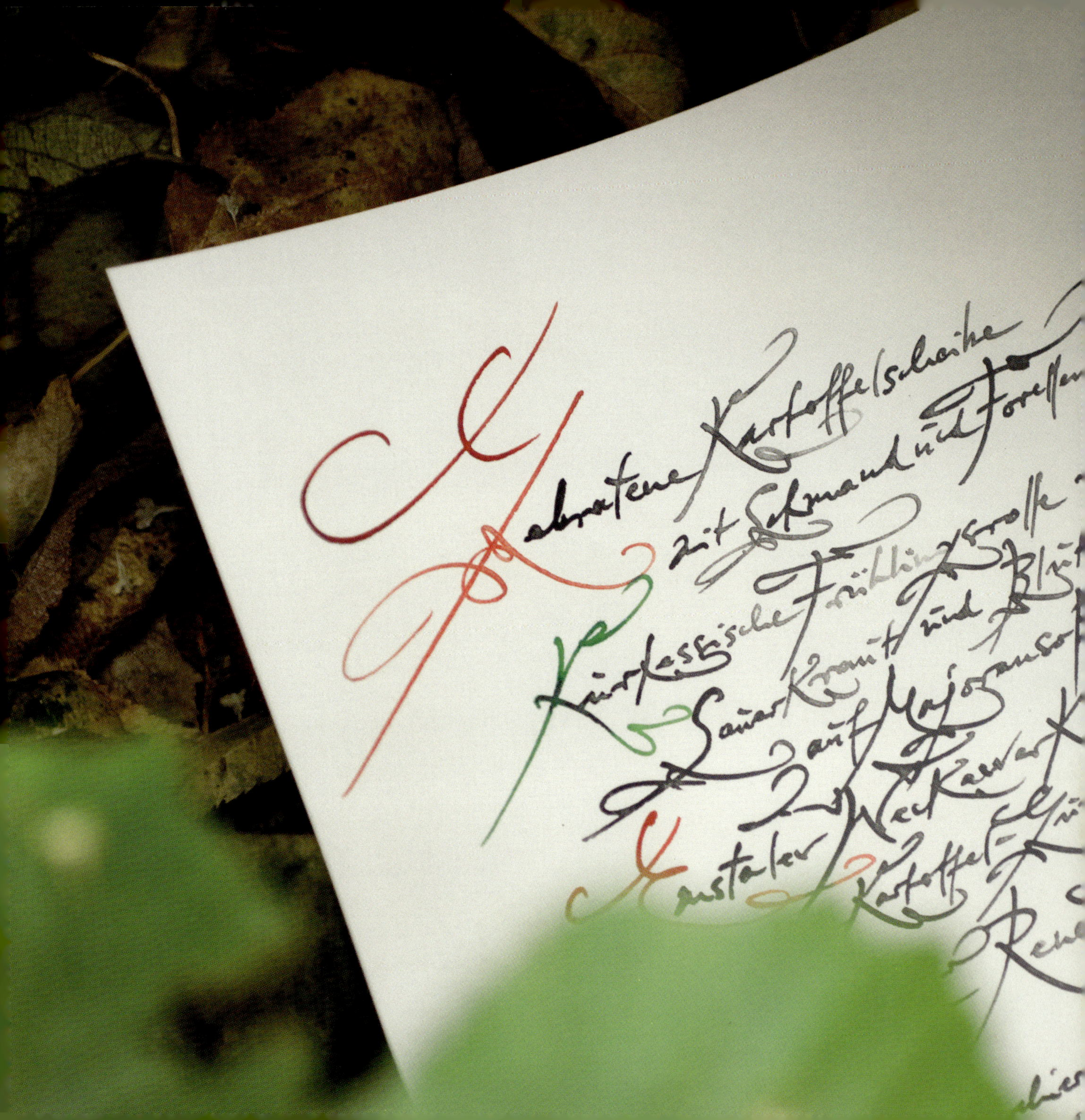

Gebratene Kartoffelschnitte
mit Schmand und Forellen

Kurhessische Frühlingsrolle
Sauerkraut und Blut-
auf Majoransoße

Kasseler Neckar-
Kartoffel-
Reh

Rainer Holzhauer
Zugegriffen, liebe Freunde

ISBN 978-3-7888-1156-3
Hardcover / 128 Seiten
Format 20 x 26 cm
€ 29,95

Der Koch Rainer Holzhauer vom Restaurant Grischäfer tischt in „Zugegriffen, liebe Freunde!" sieben hessische Edelmenüs an sieben märchenhaften Orten auf. In Zusammenarbeit mit dem Künstler Albert Schindehütte, dem Literaturprofessor Heiner Boehncke und dem finnischen Fotograf Paavo Blåfield ist eine künstlerisch-kulinarische Kreation entstanden. Rainer Holzhauer zeigt mit seinen Freunden auf wunderschöne Weise, wie und wo man in Kurhessen kocht, isst und feiert.

WWW.NEUMANN-NEUDAMM.DE

Ulrich Vomberg/Gerlind Vermeer
Natürlich Wild

ISBN 978-3-7888-1207-7
Hardcover / 128 Seiten
Format 21 x 20 cm
€ 14,95

Der Respekt vor Lebensmitteln bestimmt nicht zuletzt den Umgang mit den Tieren, deren Fleisch wir verzehren möchten. Das Fleisch wild lebender Tiere stammt aus der artgerechtesten Lebensweise die man sich vorstellen kann. Gesund, exklusiv und trotzdem im Einklang mit der Natur schlemmen, das alles steckt in dem Titel NATÜRLICH WILD!

WWW.NEUMANN-NEUDAMM.DE

Edgar Comes
Römer-Kochbuch

ISBN 978-3-86738-028-7
Hardcover / 96 Seiten
Format 21 x 20 cm
€ 14,95

Die Römer sind bis heute berühmt für ihre Orgien. Doch außer dem sich hartnäckig haltenden Gerücht, sie hätten immer im Liegen gegessen, kennen die wenigsten auch den Geschmack der Römerzeit.
Das ändert sich nun, denn in grandiosen Rezepten und vielen Beispielen lässt der Autor Edgar Comes die Römer wieder lebendig werden und ihr Weltreich zumindest kulinarisch wieder erstrahlen.

WWW.FELIX-AG.DE

Annette Kalcher-Dähn &
Herbert K. Kalcher

*Arme-Leute-Essen –
heute Delikatessen*

ISBN 978-3-7888-1069-6
Hardcover / 96 Seiten
Format 21 x 20 cm
€ 14,95

Einst aus der Not geboren hat sich das „Arme-Leute-Essen" mittlerweile zu wahren Delikatessen entwickelt. Jede Mahlzeit eine Geschichte.
Weit über 50 Rezepte von A wie Arme Ritter bis Z wie Zwiebelkuchen ehren die alten neuen Klassiker.
Viel Spaß bei einer köstlichen Reise in die Vergangenheit.

WWW.NEUMANN-NEUDAMM.DE